个人直播间搭建与实战

赵 君 ———— 著

电子工业出版社
Publishing House of Electronics Industry
北京·BEIJING

未经许可，不得以任何方式复制或抄袭本书之部分或全部内容。
版权所有，侵权必究。

图书在版编目（CIP）数据

个人直播间搭建与实战 / 赵君著 . -- 北京：电子工业出版社，2023.9
ISBN 978-7-121-46310-5

Ⅰ.①个… Ⅱ.①赵… Ⅲ.①网络营销 Ⅳ.① F713.365.2

中国国家版本馆 CIP 数据核字 (2023) 第 172933 号

责任编辑：高　鹏
印　　刷：天津市银博印刷集团有限公司
装　　订：天津市银博印刷集团有限公司
出版发行：电子工业出版社
　　　　　北京市海淀区万寿路173信箱　　邮编：100036
开　　本：787×1092　1/16　印张：13　字数：332.8千字
版　　次：2023年9月第1版
印　　次：2024年9月第2次印刷
定　　价：98.00元

凡所购买电子工业出版社图书有缺损问题，请向购买书店调换。若书店售缺，请与本社发行部联系，联系及邮购电话：（010）88254888，88258888。
质量投诉请发邮件至 zlts@phei.com.cn，盗版侵权举报请发邮件至 dbqq@phei.com.cn。
本书咨询联系方式：（010）88254161～88254167转1897。

Preface 前言

【这是一本什么书】

2020年伊始，受新冠疫情影响，我开始居家办公。由于这个特殊时期不能外出，因此我打算在家做直播，作为一名电台主播和数码博主，显然开始一场直播并不困难。随着直播的开展，我对直播的要求也越来越高，当我希望拥有更好的直播画质、更合适的录音方案和更多机位时，一个个问题却接踵而来。当我试图寻找直播一站式解决方案时，竟然发现，找到的都是零散的知识点。在接下来的一年时间内，我进行了大量直播，并逐步探寻各种直播方案，从最简单的手机直播到摄像机多机位直播，从网课直播到游戏直播，我都将直播方案逐一记录下来。慢慢地，这本记录着关于直播间搭建的本子逐渐厚了起来，于是我决定写一本关于直播间搭建的书，介绍从入门到高阶的直播间案例，也会介绍在直播间搭建过程中遇到的各种问题。我想这本书一定能够帮助从零开始的主播，也能够帮助成熟主播提升直播间表现力。

【这本书能解决什么问题】

1. 用什么设备直播

这个问题没有标准答案，如果还没有做过直播，不妨用手机直播几次，观察一下在直播过程中会遇到哪些问题，在哪些方面有所欠缺。如果遇到灯光、画质、音质等问题，可以直接查阅本书相关章节。直播所涉及的设备有很多，灯光、相机、麦克风、声卡、电脑等都是直播中可能会用到的设备，不同类型和级别的直播对这些设备的要求也不同，本书很多章节对直播设备均有讨论，读者可参考具体内容。

2. 如何开始直播

直播前需要明确本次直播的目的和方案，也需要罗列本场直播所要展示的内容，建议新手主播从简单的直播形式入手，熟悉流程后逐步提升直播难度。盲目地提升直播难度，可能会让直播过程充满不确定因素，从而影响直播效果。

3. 如何让直播间变漂亮

一个漂亮的直播间，让观众留下来关注的机会比较大，画面模糊黯淡的直播间很难让人感兴趣。打造直播间的氛围感主要靠直播间的置景和布光，而布光绝非点亮所有灯光这么简单，优秀的布光可以展现直播间档次、增强主播人物质感、提升产品出镜效果。本书第 1 章详细介绍了在直播过程中可能会用到的各种灯光类型和不同控光附件，在后续章节中也会根据不同的直播主题提供不同的布光图和灯光选择方案。

4. 如何让主播在直播中光鲜亮丽

出镜效果不好是大量主播面临的问题之一，大家关心的美颜功能并不是提升主播颜值的首要方面，布光、相机（摄像机）设置、直播美颜技术和化妆技术这 4 个因素都会影响出镜效果。关于布光在本书大量章节中都有所讲解，相机和摄像机的选择与设置会在第 2 章中详细介绍。选择合适的相机，并设置合理的参数会让直播效果事半功倍，直播画面通透度和主播出镜表现力都能提升好几个台阶。

5. 如何让主播在直播中声音好听、充满磁性

空旷的直播间、大量的声音混响都会极大地削弱主播的表现力，信息传达的效果也会大打折扣。本书第 3 章着重介绍了不同的直播类型应该采用哪种录音方案，相信学完本章主播能够轻松解决各种直播录音难题。本章还会讨论复杂的录音方案，包括多主播录音方案、需要增加背景音与音效的直播方案等。

6. 经费不足时，怎样直播效果更好

不可否认，高端的直播设备在直播效果和设备稳定性方面都更胜一筹，但当直播经费不足时，可以精打细算，不要盲目提升设备。比如，当直播设备费用只有 3000 元时，俨然不可能把手机换成相机，此时将经费投入到灯光和录音方面所带来的直播效果会更加明显，后期当经费充足时，再换成相机也是可以的，而且之前购置的设备也能继续使用。

7. 使用昂贵的设备和便宜的设备直播，差异有多大

昂贵的直播设备会在效果和耐用度上提升明显。以拍摄器材为例，电影摄像机比入门级微单相机的画值更好、宽容度更高、调色空间更大、参数调整更快捷、电力更持久、供电方案更多、扩展性更好、稳定性更高。有些直播对画面中断、不敏感，直播时长要求较低，那入门级微单相机就够用了；有些直播要求画质卓越、画面不能中断、讲究画面运镜，那数码摄像机和电影摄像机自然是首选。灯光、录音设备、监看设备等也同理，直播效果的差异和直播设备使用体验的优劣往往是由"木桶效应"中最短的木板决定的。

8. 本书会介绍哪些类型的直播间搭建

本书除了介绍常规的直播设备和通用直播间的搭建技术，还会借助几个章节专门讲解带货直播、网课直播、游戏直播、唱歌直播和才艺直播等类型的直播间搭建方案，每种类型的直播间均包含多个搭建方案，供读者选择。由于直播类型有很多，因此本书无法做到面面俱到，读者也可以根据现有的直播间搭建方案进行自由调整。

9. 为什么本书会介绍一些设备

本书前4章重点讲解灯光种类与布光方案、相机与摄像机的选择及设置、麦克风分类与音频方案、推流技术与切换台。这些内容会以一些具体的设备作为样本。比如，当直播中需要使用一盏不可变色温的常亮影视灯光时，会根据房间尺寸和用途选择amaran 100d或amaran 200d。又如，当直播中需要一个三路切换台，且该切换台为音频、视频两用，并具备画面自动转换、USB画面输出功能时，本书就直接选择其代表型号Roland VR-1HD产品，一方面是因为该品牌的产品质量稳定，另一方面是因为该品牌纵向有齐全的产品线。

10. 阅读过程中有些问题不明白，如何与作者联系

本书前4章重点讲解直播的4项技术，后3章以案例的形式介绍直播间搭建的具体实施方案。由于篇幅有限，很多内容无法展开讲解，如遇直播技术问题或产品选择问题，欢迎在我的微信群中互动（添加微信号josephzhaopix后进群），或者可以在社交平台私信我，哔哩哔哩、微博、小红书、抖音账号均为@赵君日记。

读者服务

读者在阅读本书的过程中如果遇到问题,可以关注"有艺"公众号,通过公众号与我们取得联系。此外,通过关注"有艺"公众号,您还可以获取更多的新书资讯、书单推荐、优惠活动等相关信息。

扫一扫关注"有艺"

投稿、团购合作: 请发邮件至 art@phei.com.cn。

Contents 目录

第 1 章　直播间布光

- 1.1 直播灯光种类 3
- 1.2 控光附件 10
- 1.3 布光方案 18
- 1.4 直播间置景 23

第 2 章　提升直播画质

- 2.1 摄像机的分类与选择 26
- 2.2 手机直播方案 55
- 2.3 单机位直播方案 58
- 2.4 多机位直播方案 65

第 3 章　提升直播音质

- 3.1 麦克风的分类与选择 77
- 3.2 调音台应用 84
- 3.3 软件人声优化 89
- 3.4 人声效果器 90
- 3.5 音频接口（声卡）应用 90
- 3.6 录音机应用 94
- 3.7 单人直播音频方案 95
- 3.8 多人直播音频方案 99

第 4 章　推流直播与拉流直播

- 4.1 推流技术与拉流技术 103
- 4.2 OBS 软件直播推流方案 103
- 4.3 OBS 软件设置 104
- 4.4 硬件直播推流设备 111
- 4.5 多平台分发 118
- 4.6 导播切换台 118

第 5 章　带货直播

- 5.1 带货直播系统规划 134
- 5.2 入门带货直播间设置 134
- 5.3 进阶带货直播间设置 139
- 5.4 高阶带货直播间设置 149

第 6 章　网课直播

- 6.1 网课直播系统规划 157
- 6.2 入门网课直播间设置 158
- 6.3 进阶网课直播间设置 163
- 6.4 高阶网课直播间设置 169

第 7 章　技能直播

- 7.1 游戏直播规划方案 176
- 7.2 唱歌直播规划方案 183
- 7.3 才艺直播规划方案 193

后　　记 199

第 1 章　直播间布光

如何打造光鲜亮丽的直播间？如何在直播中使主播看上去肤色健康、肤质光滑？如何在直播中呈现正确的产品颜色？这在很大程度上都需要依靠专业灯光来实现。受用途和使用场景的限制，家用照明灯光是无法满足专业直播要求的，无论是显色性、亮度、控光附件，还是灯光的稳定性，家用照明灯光和专业影视灯光都有着巨大的差距。在家用照明灯光环境下直播，通常会出现画面闪烁、色偏和亮度不足等情况，也无法对灯光进行精准的操控。

直播间布光不仅包括对直播间整体亮度的控制，还包括对人物照明灯光的控制，有些要求较高的直播还需要考虑氛围光和绿幕灯光的布置。专业影视灯光的种类有很多，控制灯光效果的控光附件也有很多，本章将展示常见的影视灯光种类，以及控光附件的用途和效果，也会给出直播间常用的布光方案。（图 1-1）

▲ 图 1-1

有时直播间需要同时使用几盏灯光，建议使用同一品牌的灯光，这样可以把各盏灯光的色差降到最低，有利于打造统一的直播间色调。专业影视灯光的性能和价格千差万别，建议在重要的直播中使用高品质的专业影视灯光，在普通的直播中使用性价比更高的影视灯光。为了帮助您了解灯光体系，本书将以爱图仕（Aputure）的灯光为例进行演示，根据不同的布光需求，用于直播间布光的灯光有爱图仕的光风暴系列、艾蒙拉（amaran）系列、Nova 系列和 M 系列。

光风暴系列的灯光以 COB 结构的高亮点光源为主，是爱图仕灯光的旗舰产品，能够输出稳定和统一的高品质灯光，结合多种控光附件能够满足专业影视拍摄和高品质直播的需求。光风暴系列的灯光具有严苛的耐候性，能够在严酷环境下长时间使用，并且拥有多种供电方案和操控方案。

艾蒙拉系列的灯光涵盖 LED 平板灯、棒灯、布灯、COB 结构 LED 灯等，是爱图仕灯光的高性价比系列，不仅能够实现类似于光风暴系列灯光的光线品质，还取消了用于专业影视拍摄和演出的光控台操控接口，是非常适合小型团队和个人直播的灯光。

Nova 系列的灯光是专业影视拍摄的 RGB 彩色平板灯，能够输出澎湃的彩色光线和可调色温光线，是高端直播间打造氛围的高品质灯光。

M 系列的灯光是小型 LED 灯，包括小型 RGB 彩色平板灯和小型可调色温灯。M 系列的灯光适合为直播间的背景细节和产品打光。

1.1 直播灯光种类

1.1.1 LED 平板灯

直播间使用的灯光主要是 LED 灯，这类灯光中最常见的是 LED 平板灯。LED 平板灯是由密集的 LED 灯珠排列组成的，不同功率的 LED 平板灯的尺寸有所不同，常见的专业影视 LED 平板灯的功率有 5W、15W 和 60W 等。LED 平板灯整机紧凑，能够打造高亮度的硬质光线，控光附件与灯体构成的布光设备的体积和重量都不大。常见的电视台直播间就是用多盏 LED 平板灯打造的，但常见的商业直播更加关注成本因素，直播间灯光也会根据不同的用途变换不同的布光方案，所以商业直播中不会使用多盏 LED 平板灯，其主要用于狭小空间的人物补光和直播间氛围补光等。

LED 平板灯灯光效果

这是以 60W 的 LED 平板灯 amaran P60x 为例展示的单灯补光效果，主播在距离灯光 1m 处，主播的肤色还原度很好，上半身能够得到充足的补光，身后 1.5m 处背景墙上的阴影轮廓也有一定的散射效果。（图 1-2）

▲ 图 1-2

LED 平板灯用途

稍大功率的 LED 平板灯主要用作主光，通常在主播左、右、前方各放一盏，并根据直播需求调整每一盏灯光的亮度，从而在主播脸部实现不同的光比。LED 平板灯也能用于背景照明，可以根据空间面积设置多灯或单灯，并根据直播需求采用与主光相同的色温或差异化的色温。稍小功率的 LED 平板灯可以为产品细节补光，或者为背景点缀氛围光线，由于小型 LED 平板灯尺寸小巧且便于布光，因此可将其藏于台灯罩内或其他位置。

常见 LED 平板灯

※ MC

MC 是爱图仕 M 系列的小型 LED 平板灯，虽然这款灯的功率只有 5W，却是一款内置电池的 RGB 彩灯和可调色温灯，磁吸式背板的结构使其可以很方便地吸附在背景墙的货架上，是点缀背景板的不二选择。使用 Sidus Link 这款 App 能够快速设置灯光的亮度和色彩，在灯光效果模式下，多盏 MC 小灯可以分组实现不同的闪烁效果。（图 1-3）

▲ 图 1-3

※ amaran AL-F7

amaran AL-F7 是爱图仕艾蒙拉系列的小型 LED 平板灯，灯光功率为 15W，色温可以在 3200～9500K 范围内调节，并且拥有电池和外接电源等多种供电方案，这盏灯适合为直播中演示的产品补光。（图 1-4）

※ amaran P60x

amaran P60x 是爱图仕艾蒙拉系列的中型 LED 平板灯，机身紧凑，功率为 60W，色温可以在 3200～6500K 范围内调节，内置灯光效果模式，并且拥有电池和外接电源两种供电方案，散热风扇非常静音，也可以通过 Sidus Link 这款 App 无线遥控。使用两盏 amaran P60x 可以在狭小空间内为主播进行半身补光。

※ amaran P60c

amaran P60c 是爱图仕艾蒙拉系列的中型 LED 平板灯，机身紧凑，功率为 60W，色温可以在 2500～7500K 范围内调节，G/M 可调，全彩 RGB 灯光，内置灯光效果模式，并且拥有电池和外接电源两种供电方案，散热风扇非常静音，也可以通过 Sidus Link 这款

App 无线遥控。amaran P60c 用途广泛，使用两盏 amaran P60c 可以在狭小空间内为主播进行半身补光，同时能对背景进行染色，从而为直播间营造梦幻氛围。（图 1-5）

▲ 图 1-4

▲ 图 1-5

1.1.2 COB 结构 LED 灯

与 LED 平板灯由灯珠组成的发光板不同，COB 结构 LED 灯是点光源，可以在一个点上实现极高亮度。COB 结构 LED 灯配合标准罩使用可以在照射范围内实现极亮的硬光效果，搭配丰富的控光附件能够实现多种灯光效果，这些灯光效果可以满足严苛的专业影视拍摄要求，在直播中无论是为主播补光还是为背景补光都能实现很好的效果。COB 结构 LED 灯在电视台直播间中使用较少，主要应用于影视拍摄、广告拍摄、短视频拍摄、小型团队或个人直播间拍摄。

COB 结构 LED 灯灯光效果

这是以 250W 的 COB 结构 LED 灯 amaran 200d 为例展示的单灯补光效果，主播在距离灯光 1m 处，主播的肤色还原度很好，搭配标准罩使用可以让其上半身得到充足的补光，因为是点光源，所以主播脸部眼镜腿的阴影轮廓非常清晰。这个演示效果主要是为了展示 COB 结构 LED 灯的灯光特性，直播间在实际补光时并不会这样使用。（图 1-6）

▲ 图 1-6

COB 结构 LED 灯用途

COB 结构 LED 灯通常有恒定色温的白光版和可调色温版两种规格，不同品牌的 LED 灯白光色温存在差异，可调色温的区间也不同。以爱图仕灯光为例，常见的恒定色温的白光版 COB 结构 LED 灯色温基本为 5600K，灯光型号后缀为"d"；可调色温版 COB 结构 LED 灯可以设置色温区间，灯光型号后缀为"x"。

这种类型的灯光功率通常有 65W、130W、250W、350W，有些甚至能超过 1000W。直播间使用的 COB 结构 LED 灯的功率通常在 65～350W 范围内。

恒定色温的白光版和可调色温版两种规格的使用场景及用途不同，如果用于主播补光、直播间底子光，同时为主播和背景补光，那么恒定色温的白光版 COB 结构 LED 灯是最合适的选择；如果除了上述用途，还用于主播轮廓打光、更多场景的广告拍摄和影视剧拍摄，那么可调色温版 COB 结构 LED 灯更实用。虽然在恒定色温的白光版 COB 结构 LED 灯的灯珠前安装色纸也能实现色温可调，但是会增加布光和调光的时间，降低效率。在选择恒定色温的白光版和可调色温版两种 COB 结构 LED 灯时需要注意，绝大多数情况下，在同一款 COB 结构 LED 灯的两个版本中（如 amaran 100d 和 amaran 100x），可调色温版在各个色温时的最大亮度不同，且最大亮度会低于恒定色温的白光版的最大亮度。

常见 COB 结构 LED 灯

※ amaran COB 60d/60x

amaran COB 60d（恒定色温的白光版）和 amaran COB 60x（可调色温版）是爱图仕艾蒙拉系列的小型 COB 结构 LED 灯，机身紧凑，功率为 65W。amaran COB 60d 色温为 5600K；amaran COB 60x 色温可以在 2700～6500K 范围内调节，内置灯光效果模式。两款灯均拥有电池和外接电源两种供电方案，散热风扇非常静音，可以通过 Sidus Link 这款 App 无线遥控。amaran COB 60d 结合小型抛物线柔光箱和球形柔光箱可以在狭小的空间内为主播进行半身补光，适合入门主播使用；amaran COB 60x 则适合为主播打造轮廓光。由于 amaran COB 60d/60x 拥有小巧的造型和轻巧的灯体，因此除了用于小尺寸直播间补光，还是适合移动补光的灯光产品。（图 1-7）

※ amaran 100d/100x

amaran 100d（恒定色温的白光版）和 amaran 100x（可调色温版）是爱图仕艾蒙拉系列的紧凑型 COB 结构 LED 灯，功率为 130W。amaran 100d 色温为 5500K；amaran 100x 色温可以在 2700～6500K 范围内调节，内置灯光效果模式。两款灯的散热风扇都非常静音，都可以通过 Sidus Link 这款 App 无线遥控。amaran 100d/100x 结合中小型抛物线柔光箱和球形柔光箱可以为主播进行半身补光，适合进阶主播使用，是性价比非常高的灯光。amaran 100x 也适合为主播打造轮廓光。（图 1-8）

▲ 图 1-7

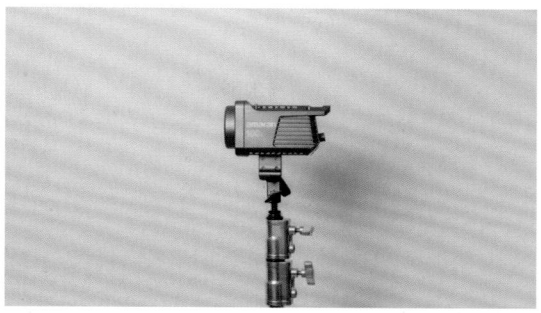

▲ 图 1-8

※ amaran 200d/200x

amaran 200d（恒定色温的白光版）和 amaran 200x（可调色温版）是爱图仕艾蒙拉系列的紧凑型 COB 结构 LED 灯，虽然与 amaran 100d/100x 机身尺寸相同，但拥有 250W 的功率。amaran 200d 色温为 5500K；amaran 200x 色温可以在 2700～6500K 范围内调节，内置灯光效果模式，可以通过 Sidus Link 这款 App 无线遥控。amaran 200d/200x 结合中型抛物线柔光箱和球形柔光箱可以为主播进行全身补光，还能兼顾直播间背景补光，能在很大程度上简化直播间灯光配置。amaran 200d 单灯结合球形柔光箱能在 3m×3m 的直播间内同时满足主播和背景补光需求。amaran 200d/200x 非常适合进阶主播使用。（图 1-9）

※ LS 60d/60x

LS 60d（恒定色温的白光版）和 LS 60x（可调色温版）是爱图仕光风暴系列的小型 COB 结构 LED 灯，功率为 80W，内置独特的聚焦光学透镜，可以在不借助外部控光附件的情况下实现 15°～45°的变焦。LS 60d 色温为 5600K；LS 60x 色温可以在 2700～6500K 范围内调节，内置灯光效果模式。两款灯的散热风扇都非常静音，灯体能够在恶劣的天气环境下使用，可以通过 Sidus Link 这款 App 无线遥控。LS 60d/60x 是一款多功能灯光，在直播间使用时，不仅是高品质的轮廓光工具，还能结合 Spotlight Mini Zoom 聚光筒为直播背景打造专属图形。（图 1-10）

▲ 图 1-9

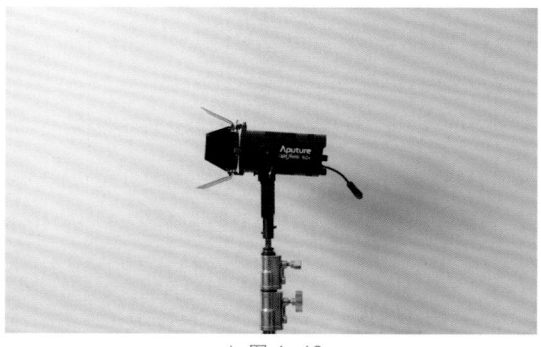

▲ 图 1-10

※ LS C300d II

LS C300d II 是爱图仕光风暴系列的中型 COB 结构 LED 灯，功率为 350W，色温为

5500K，内置多种灯光效果模式。LS C300d II 采用灯头和控制盒分体设计模式，控制盒上可以实现绝大多数操控功能，并配备遥控器，也可以通过 Sidus Link 这款 App 无线遥控。LS C300d II 是一款功率充足的 COB 结构 LED 灯，能够满足严苛环境下长时间、高强度的影视拍摄要求，也是大尺寸直播间布光的首选灯光。两盏 LS C300d II 结合中型抛物线柔光箱能够满足双人直播补光需求；两盏 LS C300d II 结合球形柔光箱能够为 15m² 的直播间填充充足亮度的光线，并且光线柔和，适合双人直播或服装展示类的全身直播。

1.1.3 RGB 彩灯

RGB 彩灯，即 RGB 彩色 LED 灯，其主要特色是能够实现染色效果，从而为枯燥的直播间背景渲染情绪。要想实现彩色灯光有两种方案：第一种方案是在传统的白色 LED 灯珠前加上彩色的色纸；第二种方案是直接使用能够发出 RGB 彩色光线的灯光。第一种方案能够呈现什么色彩取决于使用了几种色纸；第二种方案营造的色彩氛围更丰富、操作更便捷。目前用于直播间布光的 RGB 彩灯主要有两种，即 RGB 平板 LED 灯和 RGB 棒灯。

RGB 彩灯灯光效果

这是以 360W 的 RGB 平板 LED 灯 Nova P300c 为例展示的背景染色效果，灯光在主播身后且距离白色背景墙 0.8m 处，墙面被渲染上不同的色彩，在关闭主光的情况下看得尤为清楚。采用这种布光方案的直播间，只需在主播身后安排一面白色或灰色的墙壁，再结合 RGB 平板 LED 灯就能实现不同的背景色彩变换效果。（图 1-11）

RGB 彩灯用途

大多数 RGB 平板 LED 灯都能够发出 RGB 彩色光线和可调色温光线，所以用途更加广泛。RGB 平板 LED 灯非常适合影视剧的氛围营造，结合灯光效果能够轻松模拟警灯、坏灯泡和烟火等，有些 RGB 平板 LED 灯甚至可以通过编程打造专属的灯光变换方案。在直播间的布光方案中，建议将 RGB 平板 LED 灯用于背景染色和氛围营造两方面。

常见 RGB 彩灯

※ MC

MC 是爱图仕 M 系列的小型 LED 平板灯，因为其功率只有 5W，所以并不适合为直播间背景染色，但是可以在游戏和演唱类直播间使用多盏 MC 渲染背景效果，在通过 Sidus Link 这款 App 将 MC 进行分组后，能够实现丰富的彩色灯光效果，也可以使用 MC 为背景中的柜子隔挡和货架补光。（图 1-12）

※ amaran P60c

amaran P60c 是爱图仕艾蒙拉系列的中型 LED 平板灯，虽然和可变色温版的 amaran P60x 属于同一系列，但是 amaran P60c 拥有更高的亮度，这在同一系列的灯光中并不多见。amaran P60c 价格适中，既能用于小空间的人物补光，又能用于背景的适度染色。当 amaran P60c 作为可调色温 LED 灯使用时，标准色温范围为 2500～7500K，扩展色温范

围为 1500 ～ 20 000K。（图 1-13）

▲ 图 1-11

▲ 图 1-12

▲ 图 1-13

※ Nova P300c

Nova P300c 是爱图仕 Nova 系列的专业 RGB 彩色影视灯光，功率为 360W，能够提供亮度充足的 RGB 彩色灯光。这是一盏性能强大的专业影视灯光，能够同时实现高亮度、高饱和度的彩色灯光输出，结合灯头大尺寸扩散片，一盏 Nova P300c 就能改变整个直播间的色彩氛围，是高端直播间营造氛围的首选灯光。使用大功率、高显色性的 RGB 彩色影视灯光可以在最短的时间内改变直播间的风格，为直播间布景带来极高的灵活性和创造性。（图 1-14）

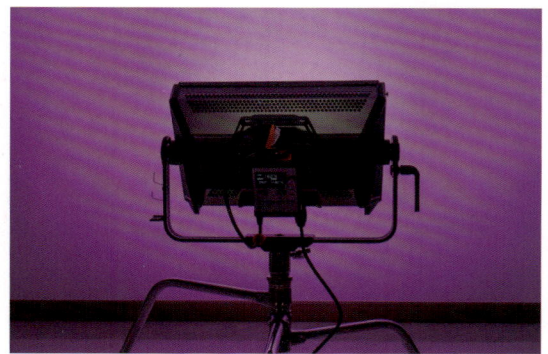

▲ 图 1-14

1.2 控光附件

直播间营造的光线氛围不仅来自灯具本身，还和控光附件有着密切关联。不同的控光附件能够对灯具发出的光线进行扩散、汇聚、约束、遮挡、反射等操作，使光线能够满足特定场景下的照明需求。

1.2.1 小型柔光箱

小型柔光箱常用于 LED 平板灯，其作用是将 LED 平板灯的光线柔化，并将光线主要投射于灯体的正面朝向。常见的 LED 平板灯的小型柔光箱是在 LED 发光面板前增加一个柔光面料，一方面可以增加发光面尺寸，另一方面可以打散光线。

这是以 LED 平板灯 amaran P60x 结合小型柔光箱为例展示的单灯补光效果，主播在距离灯光 1m 处，使用裸灯时主播的脸部容易出现油光，这是因为光心照射的脸部亮度最高，画面边缘的衣服亮度衰减明显。在使用小型柔光箱后，改善了主播脸部油光现象，降低了光心和画面边缘的亮度差异。从主播的眼镜阴影和主播在背景墙上的影子可以看出，使用小型柔光箱能够对光线进行柔化，不过效果有限，缩短光源和主播的距离能有效柔化光线。（图 1-15）

▲ 图 1-15

1.2.2 抛物线柔光箱

抛物线柔光箱常用于 COB 结构 LED 灯，其作用是在限定范围内对光线进行柔化。抛物线柔光箱的发光面大，并且柔光箱内部还有扩散光线的机构，所以对光线的柔化效果非常明显。大多数抛物线柔光箱的发光面是接近圆形的多边形，能够在主播的眼睛中营造漂亮的眼神光，是理想的直播间布光工具。常见的用于直播间的抛物线柔光箱包括直径为

55cm 的 Light Dome Mini II 和直径为 90cm 的 Light Dome II 两种规格。

　　这是以 amaran 200d 结合小尺寸抛物线柔光箱 Light Dome Mini II 为例展示的单灯补光效果，主播在距离灯光 1m 处，安装标准罩使用时主播的脸部光线很硬，容易出现油光，但脸部和背景墙上的阴影都很清晰，从背景可以看出灯光的照射范围有限。使用小尺寸抛物线柔光箱能够显著扩散光线，使主播的脸部光线更加柔和，皮肤质感有所提升，人物和背景的亮度差异也进一步缩小，同时背景墙上的阴影会变得很淡。（图 1-16）

▲ 图 1-16

　　当 amaran 200d 结合大尺寸抛物线柔光箱 Light Dome II 使用时，由于发光面更大，因此即便将灯光放置在距离主播 1.5m 处，依旧能使光线进一步柔化。柔化的光线使主播的面部皮肤看上去更加光滑，脸部的细纹也更难被察觉，甚至连眼镜的阴影都能被很好地消除，此时主播身后 1.5m 处背景墙上的人物阴影非常淡。此处展示的是单灯效果，如果使用双灯，那么可以更加精准地调整主播脸部的阴影程度。（图 1-17）

▲ 图 1-17

1.2.3 球形柔光箱

　　球形柔光箱常用于 COB 结构 LED 灯，其作用主要是照亮大面积空间，为直播间打造均匀的底子光。由于球形柔光箱对光线的扩散效果非常明显，因此在进行绿幕抠像类直播时，常用于为绿幕打光。当使用球形柔光箱为主播近距离打光时，其效果类似于大尺寸抛物线柔光箱：主播的皮肤光滑细腻，漫反射的光线可以填充部分脸部阴影，是理想的直播间布光工具，新手也更容易掌握。直径为 65cm 的 Lantern 是直播间最常用的球形柔光箱之一。

　　这是以 amaran 200d 结合球形柔光箱 Lantern 为例展示的单灯补光效果，主播在距离灯光 1.5m 处，整个直播间的布光区域更广，主播脸部的打光效果类似于抛物线柔光箱 Light Dome II，此时背景墙上的阴影已经很难被察觉。（图 1-18）

　　虽然使用抛物线柔光箱和球形柔光箱主播脸部的打光效果比较接近，但是两者还是有一定差异的：使用抛物线柔光箱的照射区域更小，适合分区布光，主播脸部肤质细腻，亮暗差异较低，立体感强；使用球形柔光箱的照射区域更大，适合综合布光，主播脸部肤质细腻，亮暗差异相比使用抛物线柔光箱稍高一点，立体感相比使用抛物线柔光箱稍逊色一点，但最后这两项差异只有在仔细对比时才会察觉。

▲ 图 1-18

当以 amaran 200d 结合球形柔光箱 Lantern 进行双灯补光时，整个直播间将充满柔和的光线，主播脸部阴影的影响已经降到最低，背景墙上也没有可见阴影，这种光线适用于大多数类型的直播间。在使用这种方案时要注意，尽可能使用相同品牌和型号的灯光，大功率的灯光有助于降低摄像机的感光度，从而实现更高的画质。

1.2.4 米菠萝

白色泡沫板从表面上看好像一颗颗米粒，板子（board）的英文发音类似于"菠萝"，所以经常被叫作米菠萝，其实就是泡沫塑料材质的反光板。米菠萝可以将点光源漫反射成柔和的光线，在影视剧和广告拍摄中经常使用，优点是价格低廉、重量轻、柔光效果好、接近自然光的质感；缺点是在控制灯光照射范围时需要用到挡光板和黑旗等附件，同时需要较为宽阔的拍摄场地，常用于严肃的影视创作，但米菠萝作为一种控光附件，在直播时也可以作为辅助的补光方案。

这是以 LS C300d II 结合大尺寸米菠萝为例展示的单灯补光效果，主播的脸部光线均匀柔和，很像大型落地窗营造的光线，如果在人物的另一侧也放置一块大尺寸米菠萝，那么可以有效地提亮脸部一侧的阴影，实现自然的补光效果。在宽敞的直播间中可以尝试这样的补光方案，不过戴眼镜的主播慎用此方案。（图 1-19）

▲ 图 1-19

1.2.5 柔光板

具有透光效果的柔光板常用于 COB 结构 LED 灯，其作用是将照射在柔光板上的光线柔化，效果和柔光箱类似，优点是结构轻巧，可以很方便地调节柔光板的角度，并通过调整灯光、柔光板和主播的距离，精准地控制光线的柔化程度；缺点是灯光的利用效能不如柔光箱，也会产生一部分光污染。

这是以 LS C300d II 结合柔光板为例展示的单灯补光效果，安装标准罩的 LS C300d II 距离柔光板 0.5m，柔光板距离主播 1.5m，主播脸部光线充足，光线比使用抛物线柔光箱还要更硬一些。如果要实现更柔和的灯光效果，那么需要使用更大尺寸的柔光板，但这种方案在直播间中较难实现。（图 1-20）

▲ 图 1-20

1.2.6 菲涅尔透镜

菲涅尔透镜是一种汇聚光线的控光附件，常用于 COB 结构 LED 灯。这类附件通常用于影视剧、音乐录影带和广告拍摄中的产品打光、人物与产品轮廓光，也可以作为特定场合下人物补光的硬质光线。

这是以 LS C300d II 结合 Fresnel 2X 菲涅尔透镜为例展示的补光效果（图 1-21），相比裸灯的使用（图 1-22），菲涅尔透镜能够精准地将光线照射在拍摄物体上，且不会对其他场景造成影响。Fresnel 2X 菲涅尔透镜可以调整灯光的照射角度，也可以根据拍摄意图将灯光照射的面积控制得更小或更大。

▲ 图 1-21

▲ 图 1-22

1.2.7 聚光筒

聚光筒是一种专业的控光附件，常用于 COB 结构 LED 灯。聚光筒不仅能像菲涅尔透镜一样汇聚光线，还能实现光束切割和光束造型等功能。比如，在纯色的直播背景墙上投射图形。

这是以 LS 60x 结合 Spotlight Mini Zoom 为例展示的打光效果（图 1-23），使用不同的 Gobo 片可以在背景墙上投射出不同的图形（图 1-24）。LS 60x 是可调色温版灯光，图案的颜色可以设置为与主光差异明显的暖光，也可以通过添加色纸来投射彩色图形。在直

播中除了可以投射营造氛围的图形，还可以投射产品 Logo。（图 1-25）

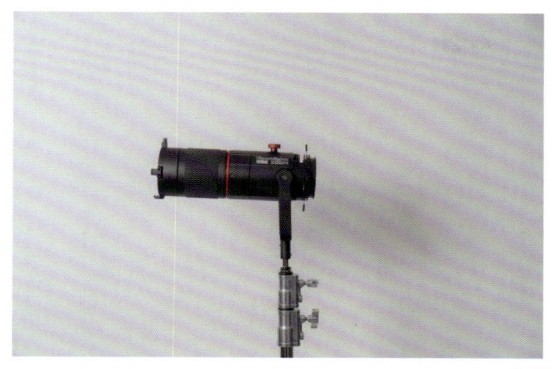 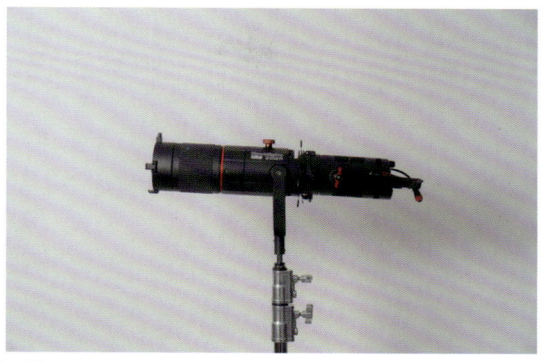

▲ 图 1-23

 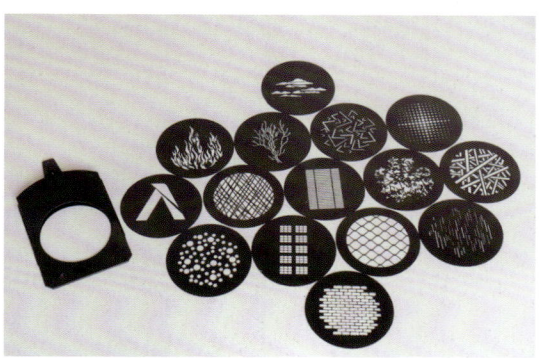

▲ 图 1-24

▲ 图 1-25

1.3 布光方案

在熟悉了不同灯光的光线特性，了解了不同控光附件的作用后，就可以为直播间布光了。直播间的布光方案有很多，究竟选择哪一种方案，需要综合考虑直播需求、布光效果和预算等因素。

1.3.1 布光规律

直播需求

布光前需要明确直播需求，这样才能做出正确的选择。错误的布光会直接影响直播画面，画面昏暗、直播主体不突出、多机位色调不统一都可能是布光造成的，那么直播需求都包括哪些方面呢？以下是常见的直播需求和解决方案。

（1）如何使主播成为直播间的焦点？

在一场直播中，如果希望观众更加关注主播，那么直播间的灯光布置需要注意两个问题。首先，需要确保人物补光充足，与背景相比，人物亮度要高于背景亮度，过亮的背景会影响观众的注意力。其次，照亮主播的灯光和背景照明的灯光应该有所差异，如使用不同色温或色彩的灯光，这样主播会在画面中更加突出。

（2）直播的重点是 A 主播还是 B 主播？

当直播中有多位主播时，需要注意几位主播的补光效果。大多数双人直播标准配置的主光为两盏，在现场布光时，要仔细观察两位主播脸部的曝光是否相似，若有较大差异，则会影响观众观看直播时的注意力。

（3）带货类直播应当注重商品展示效果。

带货类直播和有商品展示的网课类直播需要考虑商品的灯光效果，有些商品的颜色可能是黑色或者较深的颜色，这时就需要专门为商品打光。

综合布光

直播间布光应该遵循什么思路？用尽可能少的灯光还是更多灯光呢？在小尺寸直播间和低成本的直播间中应该使用尽可能少的灯光，因为极简的布光和调光过程更加简单，灯具和控光附件占用的空间更少，整体成本也就更低。在小尺寸直播间主播距离背景墙很近的情况下，1～2 盏灯光就可以满足直播间的布光需求。在某些要求不高的直播中，如果灯光有限，那么主要考虑主播的补光需求，忽略环境布光。在用少量灯光进行综合布光时，可以使用 COB 结构 LED 灯配合球形柔光箱打造光线柔和的直播间。

分区布光

对面积较大或者对展示效果要求较高的直播间而言，分区布光的效果会更理想。由于主播和背景的亮度与色调都可以分开调整，因此直播间就拥有多种布光组合方案。在大型的带货直播场景中，1～2 盏灯扩散的光线很难覆盖整个直播间，这时可以专门用 1～2 盏灯为主播打光，再用 1～2 盏灯为背景打光。

主光

在直播间布光中，负责主播照明的主要光源叫作主光。在面积较小的直播间中，主光不仅可以为主播照明，还可以兼顾背景照明。常见的主光为柔和的白光（色温为 5600K 左右），常用的灯光为 COB 结构 LED 灯，有时也会使用 LED 平板灯。柔光方案主要使用抛物线柔光箱和球形柔光箱。

主光的主要作用是为主播照明，高端的布光技巧还能掩饰主播的脸部瑕疵，如左右脸大小不同、肤色暗沉、脸部立体感不强等，这些问题都可以通过调整灯光的摆放位置和灯光的光比解决。（图 1-26）

轮廓光

从侧后方打亮主播头部轮廓和身体轮廓的光叫作轮廓光，轮廓光通常使用硬光。在 COB 结构 LED 灯和 LED 平板灯前增加挡光板或格栅就能有效地增强光线的方向性。轮廓光的色温和色调可以与主光不同。比如，在使用 5600K 的白光作为主光时，可以使用 3000K 左右的暖色光或不同的 RGB 彩色光作为轮廓光。轮廓光不仅能增强主播的立体感，还能使主播从背景中凸显出来。（图 1-27）

▲ 图 1-26

▲ 图 1-27

背景光

背景光的作用是调整直播间背景亮度或改变背景色彩。直播间的布光方案中如果有单独的背景光，就能分别调节主播和背景的亮度差。可调色温的 COB 结构 LED 灯和 RGB 彩灯都是常用的背景灯光。（图 1-28）

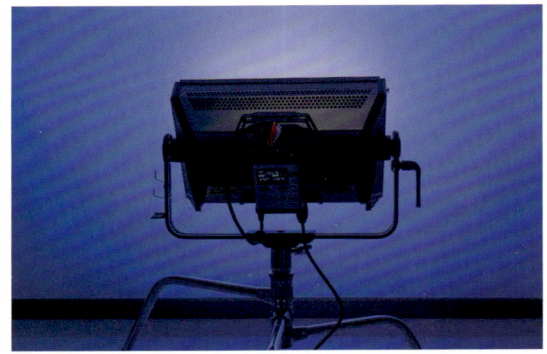

▲ 图 1-28

1.3.2 小尺寸直播间布光方案

小尺寸直播间（小于 10m²）可以采用简单的布光方案，1～2 盏 COB 结构 LED 灯结合球形柔光箱是很合适的方案，此时不用过多设计单独的背景光，因为单独的背景光会占用原本就不大的直播间面积，在背景中放置落地灯或在背景墙面点缀彩灯是最简单易行的方案。

1.3.3 中等尺寸直播间布光方案

中等尺寸直播间（10～20m²）可以采用分区布光的方案，1～2 盏 COB 结构 LED 灯结合球形柔光箱或抛物线柔光箱是很合适的主光方案，背景光可以放置于主播身后的两侧或较低位置。

1.3.4 大尺寸直播间布光方案

大尺寸直播间（大于 20m²）可以采用分区布光的方案，多盏 COB 结构 LED 灯结合球形柔光箱或抛物线柔光箱是很合适的主光方案，背景光可以放置于主播身后的两侧或较高位置。主播身后或较高位置可以放置轮廓光，必要时也可以安排打亮商品的灯光。

1.3.5 灯光控制 App

很多灯光都可以通过 App 控制，下面以爱图仕灯光的 Sidus Link 这款 App 为例展开介绍。（图 1-29）

这款 App 可以控制直播间中的每一盏灯光，其工作空间中内置无线灯光控制系统，用户可以在场景中添加直播间的布光方案。比如，在"场景"中新建一个名为"全部爱图仕"的场景，点击右上角的"+"按钮，可以添加一盏灯光或者创建一个灯光分组。（图 1-30）

▲ 图 1-29

在"灯光设备"选区中，可以看到灯光列表，在灯光名称后面标记"M"字样的那一盏灯光就是 Mesh 网络中的主节点。每一盏灯光的后面还会标注电源种类是交流电（AC Power）还是电池（后面会注明电池供电时长）。点击灯光列表中的某一盏灯光，右侧会出现调节选项，不同的灯光能够调节的参数也不同，恒定色温的白光版 COB 结构 LED 灯能够调节的主要是亮度、调光曲线和灯光效果；可调色温版 COB 结构 LED 灯还增加了色温和色温片等可调参数；RGB 彩灯能够调节的参数非常多，在这个调节界面中，用户可以任意调节色温与色彩，并能快速地和其他灯光匹配。（图 1-31）

在游戏和唱歌等才艺类直播间背景墙中，可以使用 RGB 彩灯调节气氛，除了每盏灯光内置的灯光效果，还可以进入下方的光效编程界面，在这里可以指定一盏灯光或一组灯光，让灯光效果根据自己的需求变换。点击下方的控制台，可以像使用调光台一样调节每一盏灯光的亮度，点击每一盏灯光上方的"设置"按钮，可以单独设置这盏灯光的参数属性。（图1-32）

手机版和平板电脑版的 Sidus Link 有些区别，平板电脑版的 Sidus Link 功能更齐全、操控更直观。（图1-33）

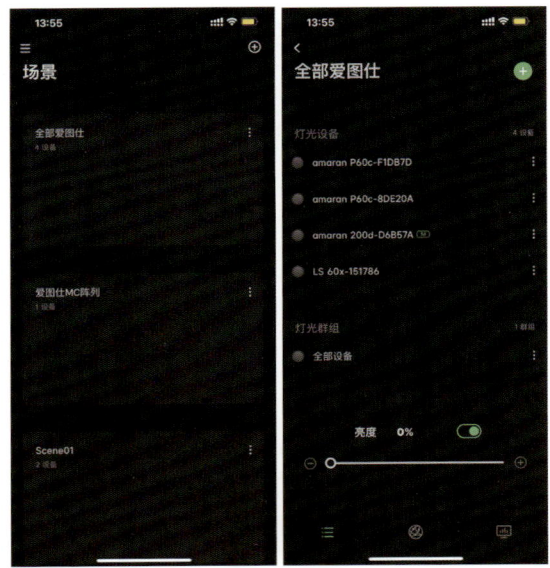

▲ 图1-30

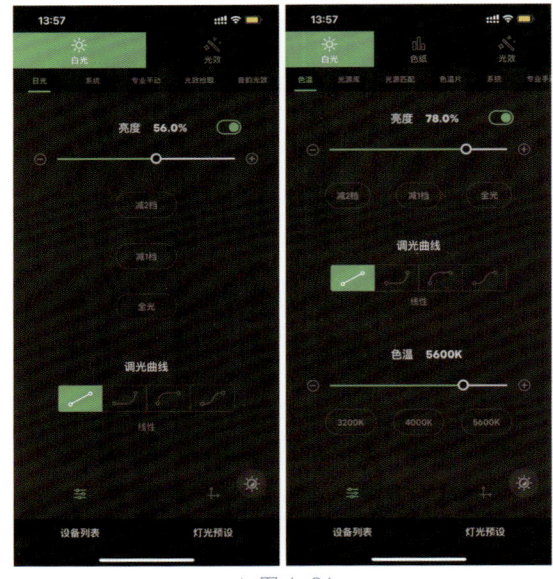

▲ 图1-31

▲ 图1-32

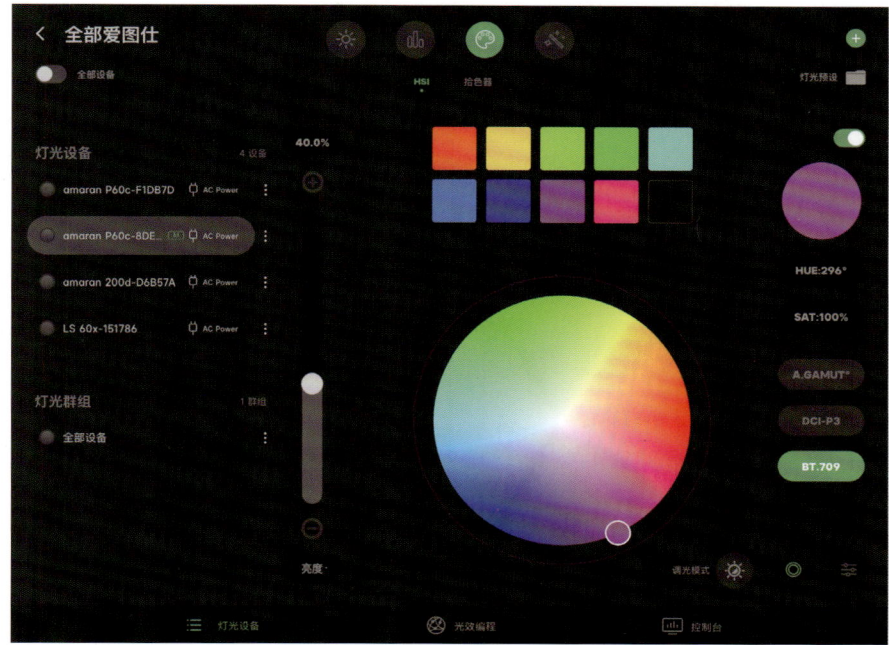

▲ 图 1-33

 **直播间置景**

本书第 5～7 章将展示多种常见的直播间案例，包括直播间的布局与置景。这里我们先来介绍直播间置景的一般规律。

1.4.1 直播间桌面置景方案

直播间的桌子通常是指主播使用的主播桌或导播使用的导播桌。高阶的直播间除了主播，还会有导播等工作人员，视频导播台、调音台、监视器、电脑等设备都会放置在导播桌上，这时主播桌面相对干净，可以根据直播间的氛围摆放不同的装饰品，如带货类直播可以在桌面上摆放商品。桌面尽量不要选择光滑反光的玻璃或亚克力等材质，颜色尽量避开纯白色和纯黑色，微磨砂或木质的材质比较理想，使用桌布覆盖也是比较好的方案。

1.4.2 直播间背景置景方案

直播间应该装修成什么样子？这个问题没有标准答案，主播可以根据个人性格和直播主题装饰直播间。除了主播桌面的装饰品，主播身后的背景墙也是重要的装饰面，可以根据不同的直播主题放置不同的装饰物。比如，居家直播可以放置书架和落地灯等装饰物，放置沙发和有特色的置物架也未尝不可。最简单的背景方案就是选择纯色的墙壁或背景纸，再利用一盏 RGB 彩灯为背景染色，或者将其设置为变幻的灯光效果，使用两盏 RGB 彩灯还可以打造渐变色的背景墙。

1.4.3 直播间置景禁忌

避免不必要的反光

直播间置景要尽量避免反光的桌面，这样的桌面很容易在主播脸部反射出难看的光斑。背景墙尽量不要放置有大量玻璃的储物柜或书柜，因为这很容易让主光"穿帮"。

避免桌面杂乱

当一场直播没有导播等工作人员协助时，主播就需要自己负责拍摄、推流、画面切换和画面监看等工作，这时主播的桌面难免会堆满插着各种线缆的设备，在直播中要按需整理器材，尽量展现清爽的桌面。

注意主播服装颜色和直播间环境的搭配

主播的服装颜色尽量不要选择纯白色和纯黑色，这两种颜色的服装在直播画面中会增加过曝和死黑的概率。主播的服装颜色尽量不要与桌面或背景同色，这会增加布光的难度，如果实在难以避免，那么可以利用 RGB 彩灯为墙壁或背景染色。主播服装面料的图案要尽量避免大面积、规律的细小条纹，这会增加直播画面中出现摩尔纹的概率。

避免出现纯白色和纯黑色的桌面或背景

在布光时，纯白色和纯黑色的桌面或背景很难精准地控制曝光，稍不留神就会出现欠曝和过曝的情况，可以考虑用浅灰色或深灰色代替，必要时可以使用 RGB 彩灯为其染色。如果无法避免使用纯白色和纯黑色的桌面或背景，那么建议使用高阶专业的数码摄像机（如佳能 XF605）或电影摄像机（如佳能 EOS C70）直播，并使用 Canon Log 系列伽马曲线，或者在 CP 文件中选择 BT.709 Wide DR。

第 2 章　提升直播画质

2.1 摄像机的分类与选择

怎样才能提升直播画质？这个问题并不能通过一两句话说清楚，影响画质的因素包括摄像机的性能、摄像机的参数调整、布光方案、灯光品质、推流设置等，这些因素组成了木桶效应，任何一个短板都会直接影响画质，不过这些问题并不难解决，我们逐一攻破即可。

不论使用哪种设备拍摄直播画面，我们都可以把这些器材统称为视频采集设备，我们应该选择哪款视频采集设备？换句话说，我们应该选择哪款摄像机？选择正确的录影设备是提升画质的首要因素。在回答这个问题之前，我们可以先看看其他人用什么设备直播，以此作为参考。在众多直播活动中，很多人选择的是用手机直播，在直播平台也可以看到很多人用微单相机直播，在庆典等大型活动中还能看到用摄像机直播。其实能用于直播的视频采集设备有很多，但每一种设备都有各自的优缺点。本章将为您介绍每一种视频采集设备的优缺点和适用场景，不过在任何一场直播中，如果便宜的器材能够满足直播需求，那么是没有必要选择更高端的器材作为视频采集设备的，选择更大、更重的高端器材一定是有原因的，相信您看完本章一定能选择一款适合自己的视频采集设备。

2.1.1 手机

对个人直播而言，将手机作为视频采集设备来直播够用吗？作为日新月异的掌上智能终端设备，每过半年或一年我们就能看到性能提升的手机产品，无论是处理速度、拍摄画质，还是显示效果都有所提升，再加上 5G 网络的普及，手机逐渐成为视频采集设备中最受欢迎的产品，手机完全可以胜任个人直播。目前的主流手机和中阶手机都有不错的画质，即便是入门级手机也能完成直播。

手机直播的优势

1. 拍摄、推流、互动三位一体

手机作为互联网智能终端设备，通常在 App 中就可以完成直播。比如，微信、微博、抖音、哔哩哔哩等 App 中都具备直播功能，主播只需设置直播名称和直播封面就能开启直播。在直播时，手机摄像头就是摄像机，且无须单独设置网络与推流，这些都是在 App 后台自动运行的，直播中观众的互动信息会显示在屏幕上，主播也能用手机实时回复这些信息。

2. 机位架设方便

在用手机直播的过程中，固定机位的直播机位架设非常方便。由于手机十分轻巧，因此在固定机位直播时，可以使用桌面或落地三脚架配合手机夹完成机位架设。为了满足多平台直播需求，可以在支架上安装多个手机夹；为了满足直播中灯光、录音和电力的需求，可以使用多功能手机夹来拓展安装外部设备。

3. 适合在移动环境下直播

直播中经常需要使用移动机位，如果仅使用手持三脚架或自拍杆支撑直播手机，那么运动中的抖动画面会给观众带来很差的观感。这时，使用手机稳定器就能抵消手部微微的抖动和走路带来的画面颠簸，从而在直播中实现顺滑平稳的画面表现。

4. 学习成本低

智能手机普及率高，直播中负责画面拍摄的手机摄像头无须专业设置，基本都是 App 软件工程师调整好的预设模式。在直播过程中，主播只需操作手机 App，简单方便，因为直播设备只有一部手机，所以也无须调试各直播设备之间的匹配问题。

手机直播的劣势

1. 画质普通

虽然每当新手机上市时，手机的拍摄功能都会提升，摄像头与摄像模组的性能也会增强，但是绝大多数手机和相机相比，画质还是会逊色很多，主要原因是，手机摄像头的拍摄主要是自动模式，直播中的白平衡、快门速度都是自动的。在某些直播场景中，环境光的变化和场景的转变都会导致手机直播画面白平衡不准或无法锁定，出现画面忽暖忽冷的情况，直播中手机拍摄的画面也很难保持稳定和精准的曝光。很多手机直播 App 为了实现实时美颜功能还会以牺牲画面清晰度为代价，其中的实时瘦脸功能也会导致画面严重变形。

2. 连接麦克风等专业外部设备不方便

手机的发展方向是高度集成，所以很多手机的接口越来越少，有些手机仅有一个充电接口，这就给手机外接麦克风，特别是外接多支麦克风或音/视频外部设备增加了难度。为了实现这些功能不得不使用各种转接方案，这就进一步降低了直播的稳定性。另外，手机的音频芯片在不同的 App 中被调用的情况也不一样，手机不能像电脑一样统一地设置声卡的输入和输出信息，这也给手机直播时的音频设置增加了难度。

3. 直播稳定性不高

稳定的直播除了包括稳定的画质表现，还包括稳定的直播过程。手机作为直播中唯一的终端设备，本身就很容易受到诸多因素的影响，有些因素甚至会导致直播中断，如直播中有电话打入、微信等语音消息提示。另外，有时环境温度过高也会导致手机因为过热而无法继续直播。

4. 网络连接性能不稳定

手机的联网方式主要是蜂窝数据和无线局域网两种。手机数据流量会受基站覆盖情况、信号强度、基站覆盖区域使用网络人数和移动速度等诸多因素影响，这些因素都会导致直播画质发生变化，甚至会导致直播中断，这种情况经常发生在会展等展馆类直播中。使用无线局域网也会出现数据流量波动的情况，这和同时使用路由器的人数及这些用户的数据使用情况有关。比如，在直播过程中，有其他用户使用同一 Wi-Fi 下载电影，就会对直播的流畅度产生极大的影响。

5. 电池续航能力不佳

手机直播时的电池电量消耗非常大，长时间、持续的直播会受到很大的影响。长亮的屏幕和摄像头模组在直播中处于持续工作状态，直播中还需要实时数据连接，这些因素都会增加电池消耗。如果直播环境非常寒冷，那么也会加剧电池电量消耗，从而缩短直播时间。所以，建议在直播过程中使用充电宝或充电器为手机提供电力支持，不过这种做法会占用充电接口，影响手机连接麦克风等外部设备。

6. 很难实现多声道切换

当直播中需要多支麦克风收音或者需要播放音乐时，仅凭一部手机是很难完成的，这就需要借助调音台、多路手持录音机或手机直播声卡等设备实现。受制于手机音频芯片的管理权限，即便使用了上述外接设备，也并不一定能保证在所有的 App 中都能正常使用。

7. 很难实现多画面切换

每一部手机的摄像头拍摄画面通常只能用于该手机的直播画面，在传统的直播 App 中，很难将多部手机拍摄的画面进行汇总并随意切换，正是因为这样的限制，所以在手机中进行多维展示的网课直播和多机位带货直播非常困难。

2.1.2 相机

相机是专门为了拍摄而研发的设备，而拍摄只是手机的众多功能之一，受限于体积、功耗和成本，手机无论是从画质还是拍摄体验上都无法和相机相比。相机有众多的规格和差异，从普及程度和使用体验上首选微单相机，从画面表现力上推荐选择成熟度高、镜头种类丰富、画质优秀、肤色表现力好的品牌和机型。本书以佳能相机为例进行讲解，两款代表机型分别为佳能 EOS M50 Mark II 和 EOS R5。其中，佳能 EOS M50 Mark II 是价格亲民、机身轻巧的 APS-C 画幅相机；佳能 EOS R5 则是性能卓越、画质优秀的全画幅相机。对个人主播和小型团队而言，相机是更为合适的视频采集设备，在稳定性和画质表现方面，相机都大幅度超越手机，可以更方便地拓展周边附件也是其优势之一，无论是面对个人直播还是专业的多机位直播，相机都是非常好的视频采集设备，成本不算太高，直播系统也相对轻巧。

佳能 EOS M50 Mark II

概述

佳能 EOS M50 Mark II 是 APS-C 画幅入门级微单相机，机身轻巧，拥有优秀的自动对焦功能和不错的画质。该机的触摸屏可以实现大多数常用参数的调整，引导式菜单对入门级用户非常友好。EOS M50 Mark II 是一款适合新手使用的相机，如果在专业的直播中需要俯拍之类的特殊机位，那么其轻巧的机身是十分方便安装的。肤色还原是佳能相机的特色之一，白里透红的肤质能为直播画质带来非常明显的提升。相机有 3.5mm 麦克风接口，连接麦克风非常方便。相机顶部的热靴接口可以安装机顶麦克风或者小型 LED 补光灯。翻转屏对于主播实时确认白平衡、曝光和构图也很有帮助。（图 2-1）

▲ 图 2-1

EOS M50 Mark II 和很多入门级相机一样，拍摄中存在一些限制。在连接视频采集卡和导播台时，要想保持相机的显示屏显示画面并且 HDMI 接口输出画面，就无法在机身上录制视频，不过这一点也不是完全无法克服的，毕竟在使用视频采集卡直播时，电脑的推流软件可以录制直播画面。

镜头搭配

※ EF-M 15-45mm f/3.5-6.3 IS STM

这是 EOS M50 Mark II 套装的镜头，非常小巧，是满足日常直播的焦段，使用该镜头直播时请将分辨率调整为 1080p（FHD），若使用 4K 分辨率，则会裁切画面。

※ EF-M 11-22mm f/4-5.6 IS STM

如果直播间非常狭小，那么可以考虑使用超广角变焦镜头，使用该镜头直播时请留意画面四周的畸变。

推荐设置

（1）相机模式拨盘置于视频档位时，对相机不熟悉的新手可以选择"短片自动曝光"，这样就无须太过关心曝光问题，即便有时需要调整画面亮暗，也只需在触摸屏上调整曝光补偿即可。（图2-2）

▲ 图2-2

（2）既然已经选择相机作为拍摄工具，那么在光线基本稳定的直播间内可以选择"短片手动曝光"，这样就能保证整场直播曝光稳定。拍摄参数：视频分辨率1080p（FHD），帧率25P，快门速度1/50秒，光圈F5.6左右，曝光补偿0，感光度（ISO）自动。如果希望手动确认曝光，也可以手动设置曝光补偿或手动设置感光度。（图2-3）

▲ 图2-3

（3）将"白平衡"设置为"AWB W"，"AWB"是指自动白平衡，后面的"W"是指在自动调整白平衡的基础上，保证白色物体的颜色尽可能准确，这对保证肤色准确和画面整体色彩准确有很大帮助。在使用专业影视灯光的录影棚中，可以手动调整白平衡，将白平衡设置为与灯光色温一致的参数，或者使用灰卡手动设置白平衡。（图2-4）

▲ 图2-4

（4）在照片风格中选择"自动"，就能根据现场的环境自动安排画面的色彩，如果希望正常的色彩统一且没有倾向性，那么可以在照片风格中选择"标准"；如果直播画面需要凸显人物的肤质，那么可以在照片风格中选择"人像"；如果希望直播画面不要有太过浓郁的色彩，那么可以在照片风格中选择"中性"，数码相机的画面有时会呈现过于鲜艳的状态，使用"中性"设置能有效削弱这种"数码感的色调"。（图2-5）

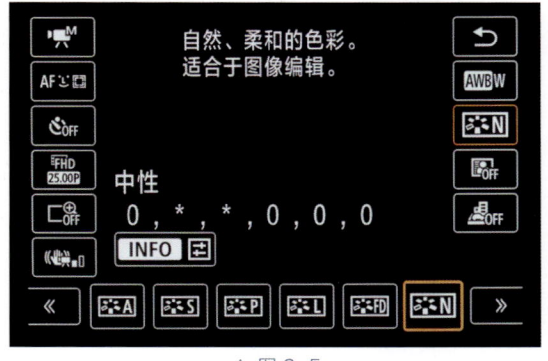

▲ 图 2-5

（5）在对焦方式中可以选择"面部+追踪"，并确保相机的"短片伺服自动对焦"（SERVO AF）处于开启状态，这时直播中的相机就可以对前后和左右移动的人物面部进行实时追踪，基本可以保证面部有良好的追焦效果。如果在直播中人物和相机的位置基本保持不变，也可以使用手动对焦模式，使焦平面保持稳定。（图2-6）

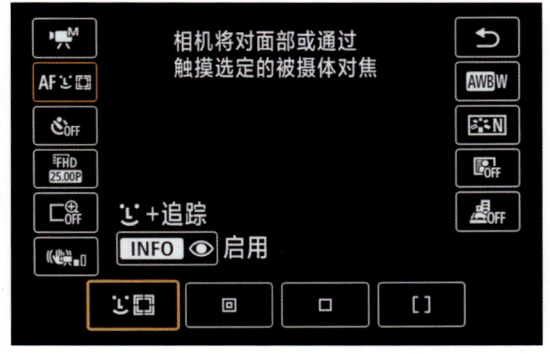

▲ 图 2-6

（6）菜单→拍摄设置→HDMI 信息显示→无信息 / FHD 输出，表示相机屏幕可以显示拍摄参数和视频画面，HDMI 接口可以输出不包含拍摄参数的纯净视频画面，不过此时相机无法录制视频。（图2-7）

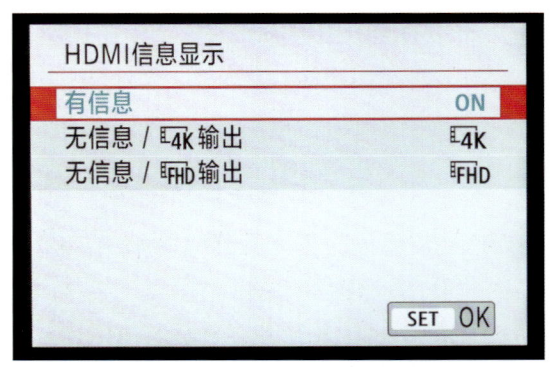

▲ 图 2-7

（7）在时间较短的直播中，请保持相机电池处于满电状态；在时间较长的直播中，请使用交流电适配器套装 ACK-E12 来保证直播中的实时供电。

佳能 EOS R5

概述

佳能 EOS R5 是佳能专业微单相机中的跨界旗舰型产品，在保持静态图片 4500 万像

- 31 -

素分辨率的同时具备 8K 和 4K 视频的拍摄能力。创作者的需求日益多元化，能够同时满足摄影与摄像的机器是个人创作者或专业摄影师青睐的设备。作为直播画面的视频采集设备，现阶段 8K 和 4K 在直播中其实很难用到，1080p 分辨率的高品质画面在直播中是最合适的。EOS R5 是全画幅的专业微单相机产品，在画面色彩上表现极佳，对于肤色的还原度也很好，加上更加智能的对焦系统，使主播的眼睛即便处于阴影中或被发丝遮挡时也都能被锁定，这进一步保证了直播优质的画面。触摸屏除了用于菜单修改和参数调整，还能用于焦点切换，若在直播时遇到焦点切换的操作，则只需用手点击屏幕，相差检测的焦点在切换过程中即可流畅切换，并且能设置焦点切换的速度。（图 2-8）

▲ 图 2-8

佳能全画幅专业微单相机的原生 RF 卡口镜头素质很高，很多镜头是在 EF 经典镜头的基础上升级而来的。RF 卡口镜头能充分发挥高像素传感器的优势，也能满足在视频拍摄方面的需求，视频画质和对焦性能都很理想。如果需要控制直播成本，也可以用转接环转接 EF 和 EF-S 镜头使用，卡口适配器 EF-EOS R 和控制环卡口适配器 EF-EOS R 能够发挥出 EF 与 EF-S 镜头的绝大多数性能，有效降低直播成本。

EOS R5 介绍

镜头搭配

※ RF24-105mm F4 L IS USM

这支紧凑的镜头拥有最常用的焦段，兼顾了局促空间和宽敞空间的直播拍摄，同时可以实现特写镜头拍摄，对焦安静且迅速，不会干扰现场直播的声音录制。通过自定义控制环还能快速调节参数，提升曝光控制的操作体验。（图 2-9）

▲ 图 2-9

※ RF70-200mm F4 L IS USM

这支镜头在实现 L 级高画质的同时保持着较小的体积，超低色散滤镜和 ASC 镀膜抵消了色差并能抑制"反射鬼影"，对焦安静且迅速，在带货类直播和网课类直播中，能够拍摄出优质的特写镜头，也能轻松完成近景的拍摄。（图 2-10）

▲ 图 2-10

推荐设置

（1）推荐用户使用佳能 EOS R5 相机视频档的"短片手动曝光"，用于精准控制画面的色彩和曝光。拍摄参数：视频分辨率 1080p（FHD），帧率 25P，快门速度 1/50 秒，光圈 F5.6 左右（F5.6 只是推荐参数，具体光圈值可以根据现场环境光线进行调整），曝光补偿 0，感光度（ISO）自动。如果希望手动确认曝光，也可以手动设置曝光补偿或手动设置感光度。（图 2-11）

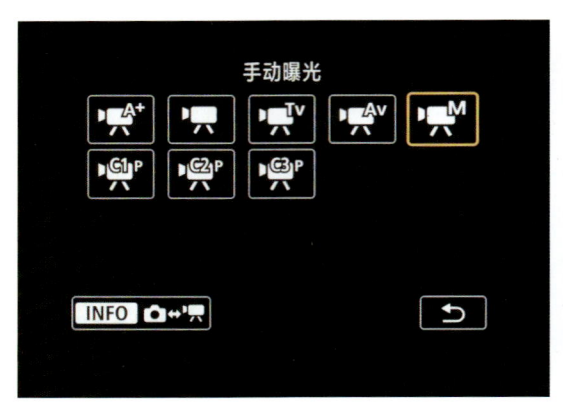

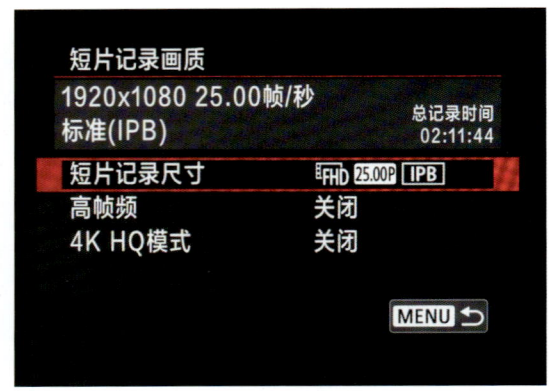

▲ 图 2-11

（2）在一般的直播中，可以将"白平衡"设置为"AWB W"；在专业的直播中，则建议使用标准色卡的灰卡手动设置白平衡。

（3）在一般的直播中，可以将照片风格设置为"中性"；注重人物肤色的可以设置为"人像"。（图 2-12）

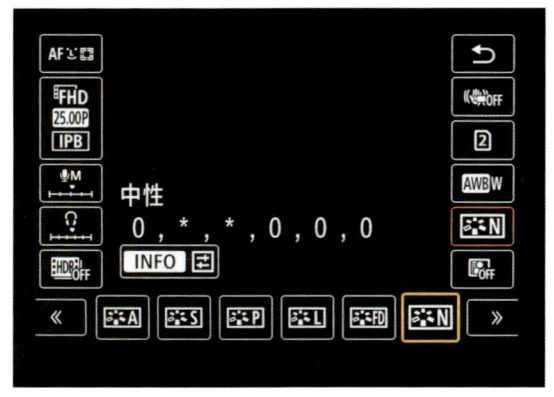

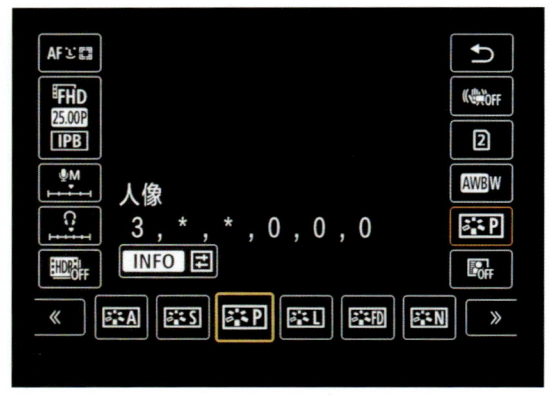

▲ 图 2-12

（4）EOS R5 拥有 Canon Log 伽马曲线，这会在电影创作过程中用到，使用 Canon Log 伽马曲线能在大光比环境中记录更接近人眼看到的画面。EOS R5 内置的 Canon Log 和 Canon Log 3 伽马曲线能够记录极宽的动态范围，动态范围最高可达 1600%，相当于 13.3 档。在使用电脑 OBS 软件直播推流时，可以使用多种还原 Lut 和风格化 Lut，以便在直播中实时调色，从而实现电影般的宽容度和色彩，也可以通过外接带有加载 Lut 功能的录机（如 ATOMOS NINJA V、ATOMOS NINJA V+ 等）实现实时调色直播功能。（图 2-13）

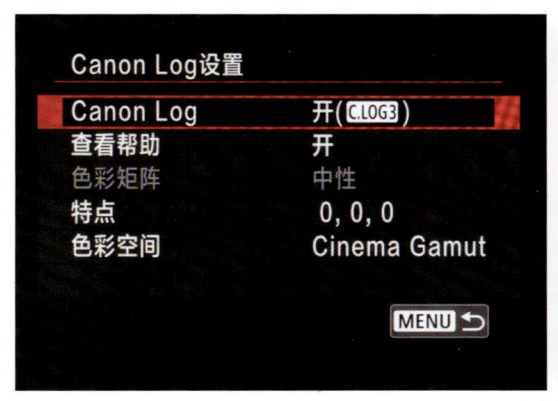

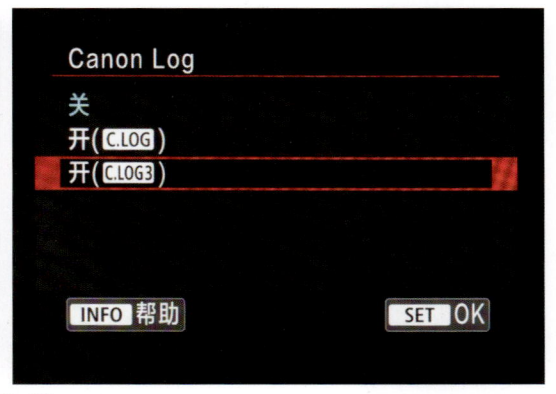

▲ 图 2-13

（5）将"自动对焦方式"设置为"脸部+追踪"，"检测的被摄体"设置为"人物"，"眼睛检测"设置为"启用"，"短片伺服自动对焦"设置为"启用"，并启动"触摸和拖拽自动对焦设置"。若直播画面中人物的位置和相机出现移动，则可以适当提升短片伺服对焦速度和短片伺服对焦灵敏度。（图 2-14）

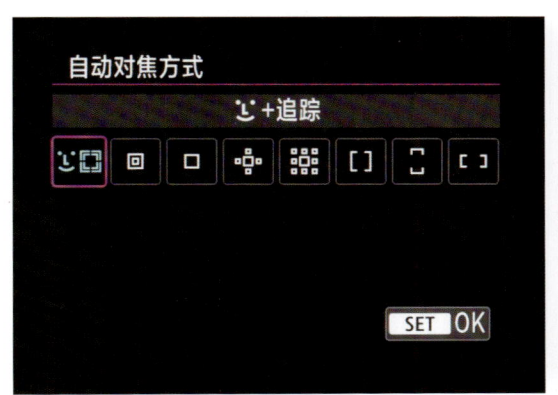

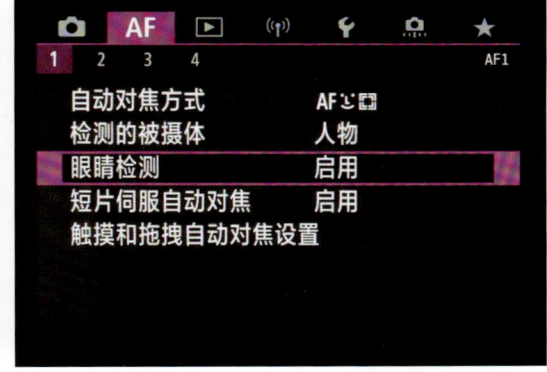

▲ 图 2-14

（6）将"HDMI 显示"设置为"相机+显示器"，并将"自动关闭电源"设置为"关闭"，这样即便在直播 30 分钟时相机显示屏关闭，也不会影响 HDMI 接口持续输出画面。（图 2-15）

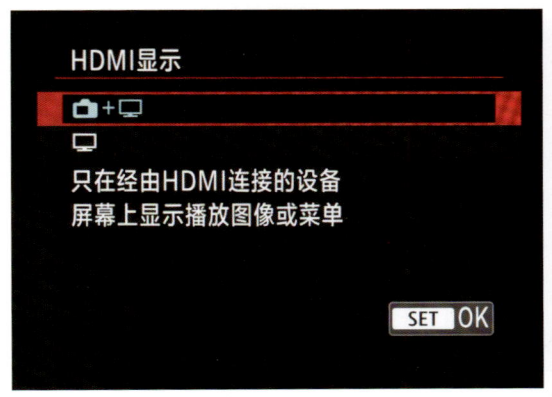

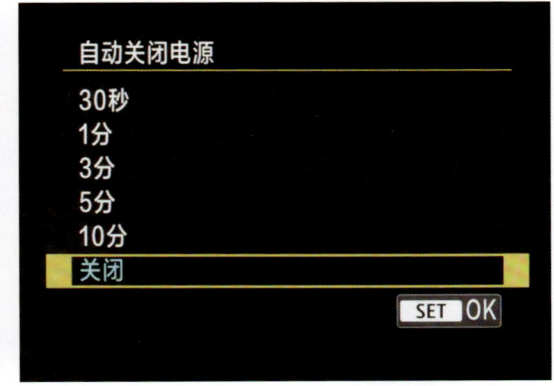

▲ 图 2-15

（7）LP-E6NH 锂电池电量能够满足一般的直播需求，如果要进行长时间的直播，那么请选择直流电连接器 DR-E6，以保证电力的持久性。

相机直播的优势

1. 画质优秀

相机的优秀画质来自大型传感器，相机也是追求高画质的影像产品。目前，APS-C 画幅传感器的相机价格相对便宜，但对画质要求较高的用户可以选择面积更大的全画幅传感器相机。这两种规格的相机基本比同价位的摄像机更有优势，也能在光线较弱的环境下提供更加纯净的画面，这就提升了相机的通用性，对于拍摄照片和视频直播等混合使用的用户尤为合适。

2. 焦段丰富

APS-C 画幅与全画幅微单相机可以使用的原生卡口镜头日渐丰富，还可以通过转接环转接大量单反镜头，从超广角到长焦再到各种特殊用途的镜头，可选择空间非常大。

3. 白平衡、曝光可控

相较于手机的自动白平衡，相机可以通过手动设置白平衡来控制直播画面的色温，这对专业直播而言非常重要，也是保证主播肤色和物品色彩准确的前提。

4. 外接扩展设备方便

大多数相机都具备麦克风、HDMI、热靴、存储卡等接口，有些相机甚至配备了USB、耳机等接口，这对连接外设、打造整套直播系统非常有利。

5. 电池续航能力好

与手机的电池续航能力相比，相机的电池续航能力更有优势，更换电池和使用直流电连接器等方案都能保证相机的电力更加持久。

6. 稳定性好

由于相机的主要功能是拍摄，无须承担直播信息交互与蜂窝数据发射等功能，因此在直播中的状态非常稳定，不会受到太多外界因素的干扰。

相机直播的劣势

1. 有些机型拍摄时 HDMI 输出有限制

不同相机的 HDMI 输出限制不同，有些相机会限制本机拍摄时 HDMI 接口的输出性能。选择直播相机前一定要先了解这方面内容，以免在直播时带来不必要的麻烦。

2. 相比手机直播，相机直播需要更复杂的外接设备

在直播中，相机与外接设备组成的直播系统在体积上要比手机大很多，需要搭配工作的器材也就更多。

3. 相比手机直播，相机直播的学习成本更高

与手机相比，相机提供了更多可控的参数和功能，从而实现了更高的直播画质和更

稳定的直播体验，但这些参数之间的匹配和综合应用需要一定的学习成本及一定的直播经验。

4. 不如摄像机和电影机的操作快捷

相机和摄像机乃至电影机最大的不同是用途，虽然现在的相机有着不错的短片拍摄功能和优秀的画质，但相机毕竟要平衡照片拍摄和短片拍摄两个功能，所以在这个过程中必将牺牲一部分性能，如电池续航、散热性能、持续拍摄的稳定程度和参数调整的快捷程度等。在上述方面，摄像机就有着得天独厚的优势。

2.1.3 数码摄像机

数码摄像机和数码相机看似功能类似，但两者是截然不同的产品。个人用户选择数码相机的比例要远远高于数码摄像机，这和个人用户使用这些产品的目的有关。在数码相机录影功能日渐强大的今天，在平面摄影与摄像各半的使用场景下，数码相机明显更符合大多数个人用户的使用需求，但随着直播的发展，这一局面也有所改变，摄像机在直播中的优势更为明显。比如，更稳定的拍摄状态、更丰富的视频规格、更多的视频工具、更丰富的操控按钮、更持久的电力供应、更丰富的接口、更顺滑的变焦操控等，所以在直播中使用数码摄像机是更合适的选择。

因为数码摄像机是专门为了保证持续拍摄而研发的设备，所以需要解决长时间拍摄的视频规格、画质、多声道录音等问题。作为拍摄系统的一部分，数码摄像机需要有与其他设备搭配使用的直播方案。根据用户使用需求的差异，数码摄像机可分为适合普通用户直播使用的入门级专业数码摄像机和适合专业人士使用的高阶专业数码摄像机。

熟悉数码相机的用户在刚接触数码摄像机时会有一些不习惯，如菜单中很多参数的名称和数码相机不同，我们先来熟悉一些数码摄像机中的名词。

- IRIS：光圈模式，类似于数码相机中的"Av"（光圈优先自动曝光）
- SHUTTER：快门速度模式，类似于数码相机中的"Tv"（快门优先自动曝光）
- GAIN：增益级别，类似于数码相机中的"ISO"（感光度）
- ND FILTER：中灰滤镜
- WHITE BAL：白平衡
- T：长焦（变焦杆）
- W：广角（变焦杆）
- MAGN：放大
- PEAKING：轮廓对焦
- ZEBRA：斑马纹
- WFM：波形示波器
- AGC：自动增益控制

- FUNC：主要功能
- STATUS：显示状态屏幕
- CUSTOM：自定义
- IS：图像稳定
- POWERED IS：强力防抖
- SLOT SELECT：SD卡选择
- MIC：麦克风
- LINE：线路输入
- +48V：48V幻象电源
- CAMERA：拍摄模式
- MEDIA：播放模式
- HDMI：HDMI端子
- SDI：SDI端子
- REMOTE：远程控制
- TIME CODE：时间码
- DC IN：直流电源输入

佳能 XA45

概述

佳能 XA45 是一款紧凑型的 4K ENG 专业摄像机，可以满足简单的新闻采访和直播需求，ENG 是电子新闻采集（Electronic News Gathering）的缩写。一款机器可以从是否具备专业性能、是否具备专业接口、能否采集专业格式、能否进行专业操控等几方面来判断其是否为专业设备。虽然佳能 XA45 很小巧，也不同于家用机器，但是这款摄像机的顶部有一个提手，方便移动，并且它不仅拥有 XLR 音频接口、专业的双声道音频混音界面，还拥有 SDI OUT 等专业接口，足以证明这是一款面向专业应用的摄像机。（图 2-16）

佳能 XA45 具有 4K 拍摄和防抖性能，20 倍光学变焦、方便的专业麦克风连接、稳定的供电方案都是直播中的加分项。这台摄像机还专门针对初学者在菜单中预设了肖像、运动、夜景、暗光线等场景，供用户快速选择。这类紧凑型的入门级专业摄像机特别适合网课类和带货类直播。

推荐设置

（1）从入门级专业数码摄像机的菜单排列中就能看出各项参数的优先级，变焦和对焦相关设置是第一部分，画质和记录相关设置是第二部分。根据常规思维模式，我们要先确认视频的规格，具体设置为：MP4 分辨率 1920×1080，MP4 帧速率 25.00P，快门速度 1/50 秒，光圈 F5.6 左右，曝光补偿 0，感光度（ISO）自动；影片的记录介质为"存储卡 A"。（图 2-17）

▲ 图 2-16

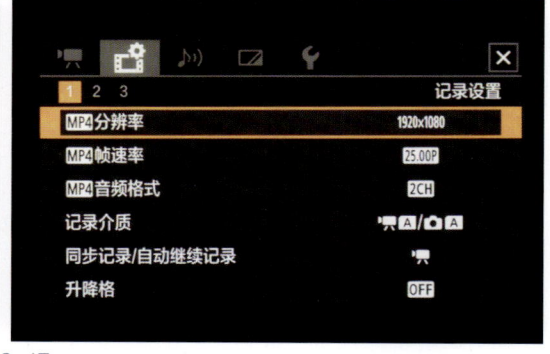

▲ 图 2-17

（2）将"白平衡"设置为"设置 1"，每次直播时可以手动设置白平衡；将"中灰滤镜"设置为"A"（自动），逆光补偿始终开启，在"效果"中可以调整"锐度""对比度""色深"这 3 项参数；将"防闪烁"设置为"A"（自动）。影响摄像机色彩和曝光的参数主要有上述几项。（图 2-18）

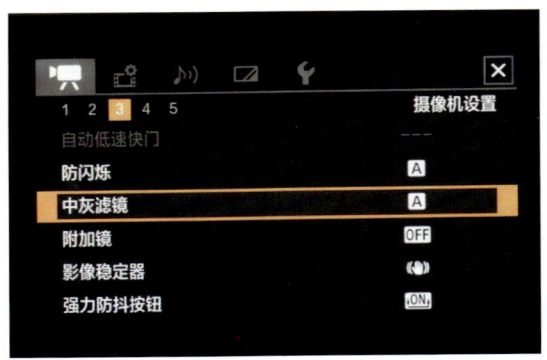

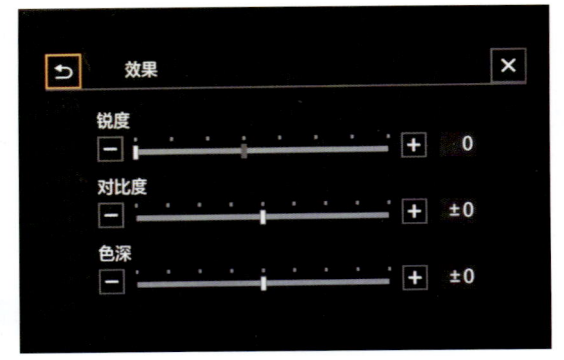

▲ 图 2-18

（3）变焦是数码摄像机的重要功能之一，能够参与控制的选项也比较多，具体设置为：将"数码变焦"设置为"OFF"，"柔和变焦控制"设置为"开始与停止"，"变焦速度级别"设置为"》"（普通），"握持手柄变焦操作"设置为"Enable"（启用），"机身变焦杆变焦速度"设置为"VAR"，"提握手柄变焦操作"设置为"Enable"（启用）。（图 2-19）"手柄变焦杆变焦速度"设置为"8"，"高速变焦"设置为"OFF"。

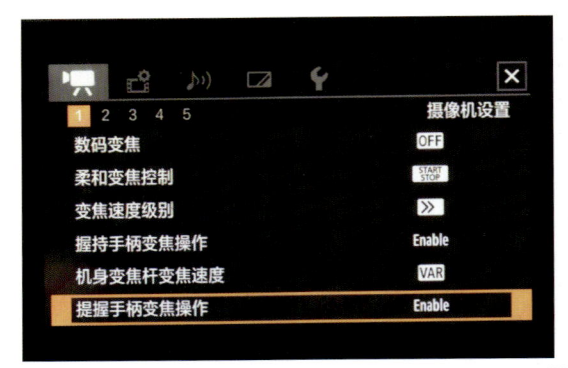

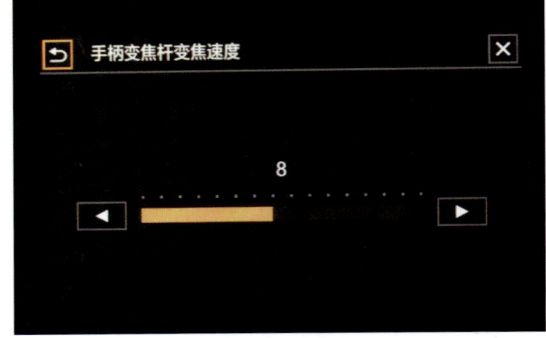

▲ 图 2-19

（4）对焦也是数码摄像机的重要功能之一，在入门级的机器上有几个选项尤为重要，具体设置为：将"自动对焦模式"设置为"I.AF"（即时自动对焦），"面部优先与追踪"设置为"ON"，"对焦预设速度"设置为"》"（普通）。（图 2-20）

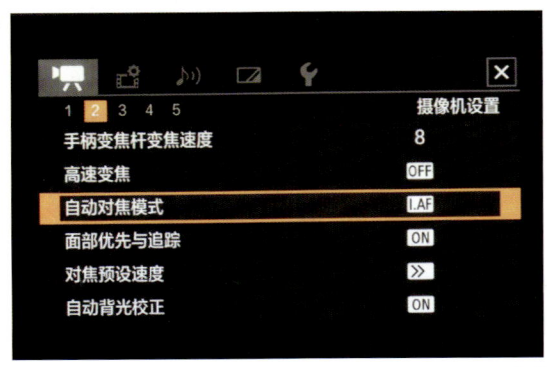

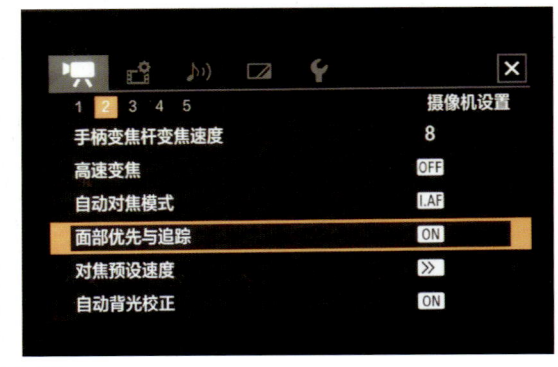

▲ 图 2-20

（5）对任何专业的摄像机而言，声音设置都是重要的板块之一，佳能 XA45 机身不仅自带一对立体声麦克风，还带有一个声音输入模块，这样就能实现四声道记录，也就能满足多种音频应用场景。在直播时可以进行如下设置：将"MP4 音频格式"设置为"AAC 16bit 2CH"，"输入 1/2 ALC 链接"设置为"SEP.分开"，"MIC 电源"设置为"ON"。在单人直播仅使用 INPUT 1 输入时，将"监视器通道"设置为"CH1/1"。（图 2-21）

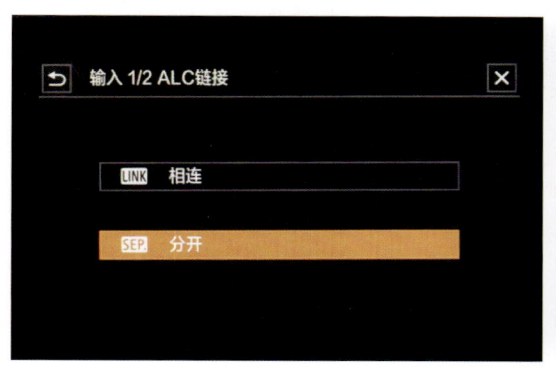

▲ 图 2-21

（6）本书讨论最多的输出方案是 HDMI，所以在相关设备同时拥有 HDMI 和 SDI 两种输出时，依旧首选 HDMI，具体设置为：根据连接的设备将"输出端子"设置为"HDMI"或"SDI"，将"HDMI 或 SDI 最高输出分辨率"设置为"1920×1080"，"SDI/HDMI 扫描模式"设置为"P"。（图 2-22）

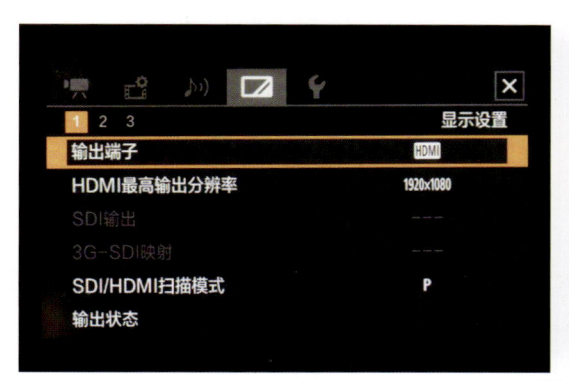

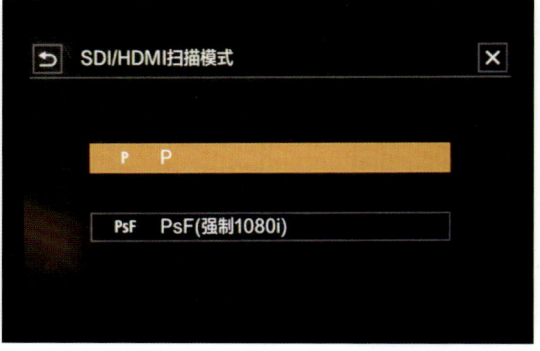

▲ 图 2-22

（7）一般的专业摄像机都有标有数字的自定义按钮，有些按钮旁会标示出功能，有些则会留给用户自行设置。我通常会保留机器的预设，只修改那些空白的自定义键，具体设置为：将"可指定按钮 3"设置为"设置白平衡"，每次直播前按此处，可以通过灰卡快速设置白平衡；将"可指定按钮 4"设置为"仅面部对焦"，"CUSTOM（自定义）转盘和按钮"设置为"曝光补偿"。（图 2-23）

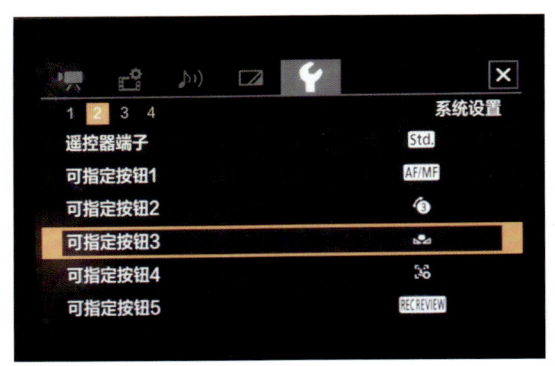

▲ 图 2-23

入门级专业数码摄像机直播的优势

（1）入门级专业数码摄像机能够在本体录制的基础上依然通过 HDMI 和 SDI 端子输出画面，为直播回放增加了一种方案。（图 2-24）

（2）入门级专业数码摄像机可以进行长时间的直播而无须担心机身过热或电池续航不足的问题。（图 2-25）

▲ 图 2-24

▲ 图 2-25

（3）入门级专业数码摄像机在展示产品时不仅能实现丝滑的变焦，还能实现高倍光学变焦，并且覆盖广角到超长焦，有效地提升直播高级感。（图 2-26）

（4）入门级专业数码摄像机可以连接两支 XLR 接口专业麦克风，也可以连接调音台从而连接更多的麦克风和音源设备，使直播的音频设备更加专业。（图 2-27）

▲ 图 2-26

▲ 图 2-27

入门级专业数码摄像机直播的劣势

（1）直播间需要配备专业的灯光，以保证充足的亮度，从而实现更高的画质，在昏暗的自然光和人造光环境下拍摄效果不理想。

（2）入门级专业数码摄像机的镜头焦段一般都是 30mm 起步，狭小的直播间或者局促的机位不方便安装。

佳能 XF605

概述

佳能 XF605 是一台集高画质和丰富连接性于一身的专业摄像机，能满足 4K 与 1080p 的高画质拍摄，且拥有良好对焦性能，机身不仅配备了大量的功能按钮，能够在最短时间内对画面与音频做出调整，还汇聚了丰富的专业音/视频和数据接口，从而使 XF605 成为一台适合录制和流媒体直播的专业摄像机。除此之外，机器内置了主动散热风扇，能够实现持久稳定的拍摄，等效 25.5mm 广角具备 15 倍光学变焦，适合拍摄环境、人物和特写等诸多内容。（图 2-28）

▲ 图 2-28

印象中使用专业摄像机的工作者大多从事新闻报道、婚庆、会议等行业，所以专业摄像机也经常被业内人士称为业务机。相比入门级小巧的摄像机，XF605 这类设备更大一些，也更重一些，如果小型设备能够满足上述工作，那么没有人愿意投入更多的费用和体力选择更大或更重的设备。相比小机器，高阶专业摄像机画质更好，长时间大负荷的工作状态更稳定，能够连接的专业外设更多，操控感也更好，所以更适合在要求较高的直播和拍摄中使用。

佳能 XF605 借鉴了跨界电影机摄像的设计理念和功能，在进一步压缩机身体积的同时具备更好的画质和专业化后期流程，支持 Canon Log 3 伽马曲线，可以实现大光比环境下的拍摄需求，这也是直播实时调色的前提，以此在直播中实现更优质的人物肤质表现和风格化的色彩表现。

推荐设置

（1）画质与拍摄参数："主记录格式"为"XF-AVC YCC422 10 bit"，"主分辨率/比特率"为"1920×1080 160Mbps Intra"，"选择 CP 文件"为"BT.709 Normal"，帧频 25.00P，快门速度 1/50 秒，"记录模式"为"正常记录"。（图 2-29）

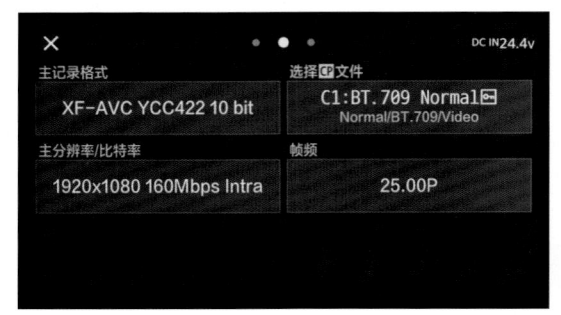

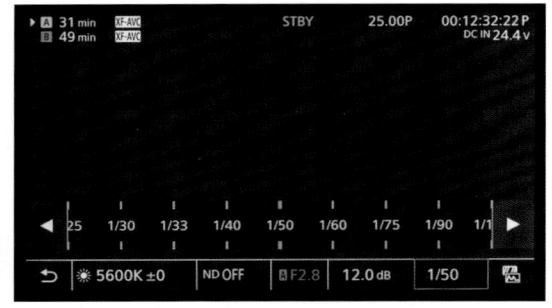

▲ 图 2-29

（2）机身侧面有一个 FULL AUTO 的全自动模式，设置为"ON"意味着光圈、快门速度、感光度（增益）和白平衡的参数均为自动调整。在专业的视频拍摄决定曝光的光圈、快门速度（快门角度）、感光度（增益）和中灰滤镜中，一般快门速度（快门角度）是固定的，其他几个为变量。类似数码相机中的光圈优先模式操作，在设置了固定的光圈值后，可以将数码摄像机中的自动增益控制（AGC）设置为"ON"，当光线变化时，变量就是感光度（增益）。类似数码相机中的快门速度优先模式操作，可以将光圈模式（IRIS）设置为"A"或者将自动增益控制（AGC）设置为"ON"，也可以保持其中一个是变量，如果要实时保证人脸的曝光准确，那么可以将面部检测 AE 设置为"开"。中灰滤镜一般处于"OFF"状态，只有必要时才开启。（图 2-30）

（3）白平衡的设置有 3 种方案：最简单的是将机身侧面的自动白平衡（AWB）设置为"ON"，这样就实现了自动白平衡；在大致确认录制环境色温的情况下，可以在触摸屏上将白平衡设置为"日光"、"白炽灯"或具体的色温"K"值；如果直播间的光线环境复杂，那么也可以利用机身侧面的白平衡"WHITE BAL"按钮快速设置两个自定义预设。（图 2-31）

▲ 图 2-30

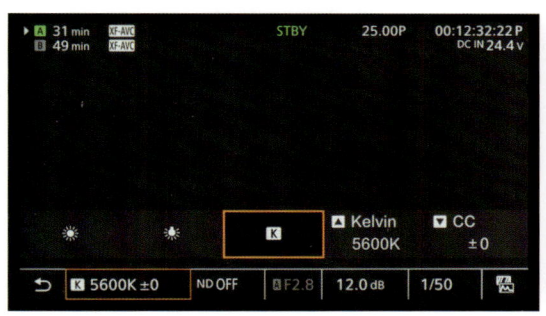

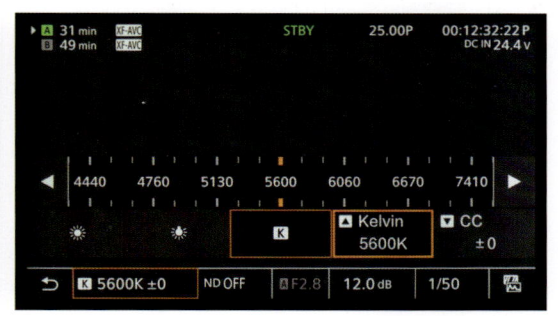

▲ 图 2-31

（4）高阶专业数码摄像机在光比很大的环境下依旧能够完成拍摄，这得益于机身内置的多种伽马曲线。根据直播间现场的光线情况可以在"选择CP文件"中选择多种方案。比如，基础的 BT.709 Normal；光比稍大的环境下可以选择 BT.709 Wide DR；光比非常大的环境下可以选择 Canon Log 3，此时画面可以记录最多 13.3 档的曝光信息。在使用 Canon Log 3 伽马曲线拍摄时，可以将"查看帮助：HDMI"设置为"开（BT.709）"，这样就能输出还原色彩的视频，当然也可以不打开这个选项。在电脑 OBS 软件中加载还原 Lut，或者选择使用带有输出 Lut 功能的录机（如 ATOMOS NINJA V），并将摄像机的画面从 HDMI 接口输出至 ATOMOS NINJA V，也能获得还原色彩之后的画面，如果希望实现更多风格化的色彩，那么也可以使用这个方法。（图 2-32）

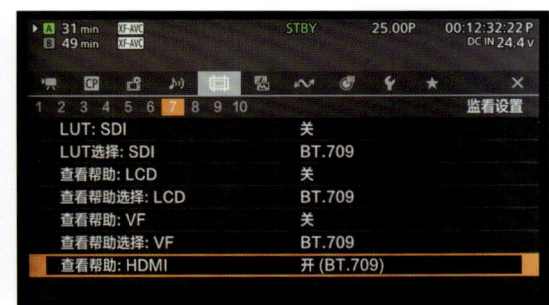

▲ 图 2-32

（5）对直播间而言，专业的对焦方案非常重要。XF605采用了全像素双核传感器，对焦的性能非常好，可以做到既快又准。根据直播间的拍摄用途，摄像机的对焦主要需要实现以下性能：对焦快速准确，保证人物持续的对焦不脱焦，快速切换人脸识别。对焦方面的设置建议："AF模式"为"连续"，"AF对焦框"为"整个区域"，"AF速度"为"高"，"AF响应"为"高"，"面部检测与追踪"为"开"，"面部AF"为"面部优先"，"眼部检测"为"开"，这些设置就可以满足直播中的大部分使用场景。（图2-33）

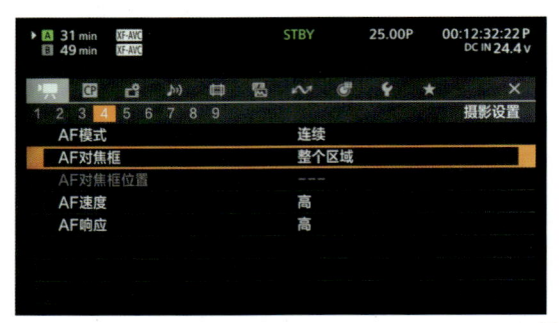

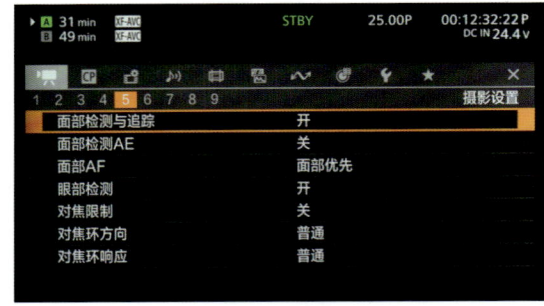

▲图2-33

（6）专业的变焦运镜能明显提升直播画面的表现力。XF605摄像机上方的提握手柄和侧面的握持手柄上都有变焦杆，建议设置不同的方案来满足不同的变焦需求："变焦速度级别"为"普通"，"高速变焦"为"关"，"数码变焦"为"关"，"提握手柄变焦速度"为"8"，"握持手柄变焦速度"为"可变"。（图2-34）

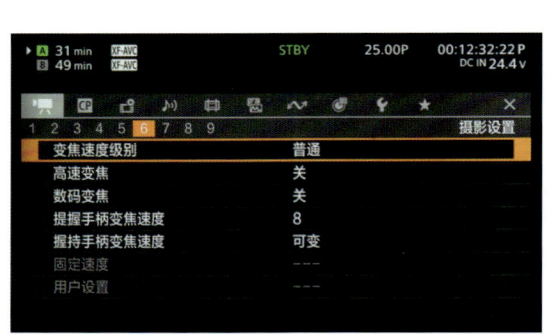

▲图2-34

（7）若直播中需要使用摄像机连接麦克风作为音频输入，则可以通过两个XLR接口或3.5mm麦克风接口实现。在使用两个XLR接口录音时，将音频输入选择的"通道1/通道2"设置为"INPUT端子"，若麦克风无须电源供电，则将INPUT1和INPUT2的拨杆置于MIC位置，此时可以看到麦克风输入1和麦克风输入2的后面有音量电平显示；若麦克风需要48V幻象电源供电，则将INPUT1和INPUT2的拨杆置于MIC+48V位置，此时可以看到INPUT1 MIC+48和INPUT2 MIC+48的后面有音量电平显示。在使用3.5mm麦克风接口录音时，将音频输入选择的"通道1/通道2"设置为"MIC端子"，此时可以看到MIC L（带电源）和MIC R（带电源）的后面有音量电平显示。将"监视器通道"设置为"通道 1/ 通道 2","HDMI OUT 通道"设置为"通道 1/ 通道 2","CH2 输入"设置为"输入 2","CH1/CH2 ALC 关联"设置为"已断开"。（图 2-35）

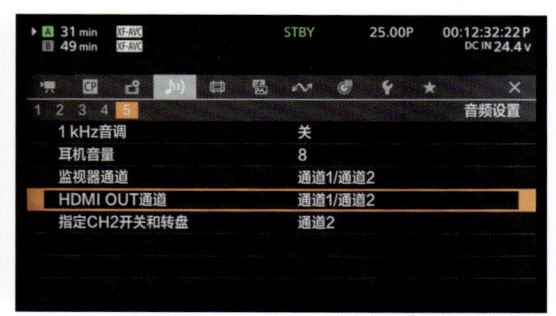

▲ 图 2-35

（8）本书讨论的视频输出均采用 HDMI，HDMI 输出信号为 1920×1080 即可。

（9）高阶专业数码摄像机内置了很多辅助曝光和对焦的工具：点击"PEAKING"按钮开启轮廓对焦，在展示产品时，长焦镜头画面结合手动对焦时的轮廓对焦能够实现精准的对焦表现；点击"ZEBRA"按钮开启斑马纹识别功能，可以很方便地确认画面的过曝部分；点击"WFM"按钮启动波形示波器，示波器画面能够精准展示各部分的曝光情况；伪色也是帮助掌握曝光信息的方案之一。

高阶专业数码摄像机直播的优势

高阶专业数码摄像机能够在实现高画质的同时，在持续的拍摄中保持稳定的工作状态，并且机身内置了各种辅助曝光和对焦的工具，再加上丰富的按钮和操控设置，使摄像机的对焦和曝光控制体验极佳，丰富的接口也能实现多种直播方案。

高阶专业数码摄像机直播的劣势

从性能和画面品质来说，高阶专业数码摄像机没有什么明显的短板，是直播拍摄最适合的器材之一。体积和重量也许是高阶专业数码摄像机的劣势，一些特殊的机位（如俯拍机位）可能不方便安装。另外，高阶专业数码摄像机的成本更高一些。

2.1.4 电影摄像机

佳能 EOS C70

概述

佳能 EOS C70 是一台 4K 数字电影摄像机，融合了 EOS R 专业微单相机的设计理念，机身体积大幅缩小，是第一台配备 RF 卡口的数字电影摄像机，并支持 EF 镜头系统。Super 35mm 全像素双核传感器实现了优秀的画质和惊人的宽容度，支持面部对焦和追焦拍摄，非常适合新闻采访、纪录片拍摄和高品质直播。（图 2-36）

▲ 图 2-36

和专业数码摄像机相比，数字电影摄像机的画面品质有了明显提升，支持的多种伽马曲线能够实现多种光线环境下的拍摄，长时间连续拍摄的持久性和可靠性也非常高。由于工作流不同，因此 EOS C70 电影摄像机配备了非常实用的专业接口，可以轻松打造高品质的直播体系，并且成本要低于高阶专业数码摄像机。

【视频】EOS C70 介绍

可换镜头是数字电影摄像机和专业数码摄像机最大的不同，专业数码摄像机通常不可以更换镜头。摄像机一方面要考虑本体镜头从广角到长焦的焦段跨度，另一方面也要考虑画质表现，均衡这两方面考虑的专业数码摄像机的传感器通常会小于数字电影摄像机的传感器，画质也逊色于数字电影摄像机。佳能 EOS C70 是入门级的电影摄像机，也是一款跨界产品，在保证画质的同时，去掉了一些小型团队工作流程中较少用到的接口，大幅缩减机身体积和重量，并使用相对于 EF 卡口镜头更先进、画质更好的 RF 卡口镜头，实现了更高品质的画面表现和更优秀的对焦性能，可以根据直播间的拍摄需求，调整多种镜头搭配方案。（图 2-37）

▲ 图 2-37

推荐设置

（1）画质与拍摄参数："传感器模式"为"Super 35mm"，"主记录格式"为"XF-AVC YCC422 10 bit"，"主分辨率/比特率"为"1920×1080 160Mbps Intra"，"选择 CP 文件"为"Canon Log 2"，帧频 25.00P，快门角度 180°，"记录模式"为"正常记录"。（图 2-38）

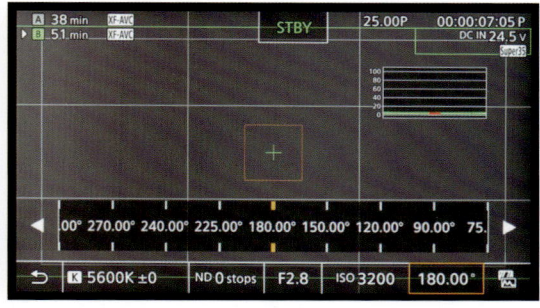

▲ 图 2-38

（2）我们可以在菜单中设置 EOS C70 电影摄像机的大部分曝光参数："光圈模式"为"手动"，"快门模式"为"角度"，"ISO 感光度/增益"为"ISO 感光度"（也可设置为增益），"测光"为"标准"，"色温增量"为"Mired"，"周边光亮校正"为"开"，"色差校正"为"开"，"衍射校正"为"开"，"失真校正"为"开"。（图 2-39）

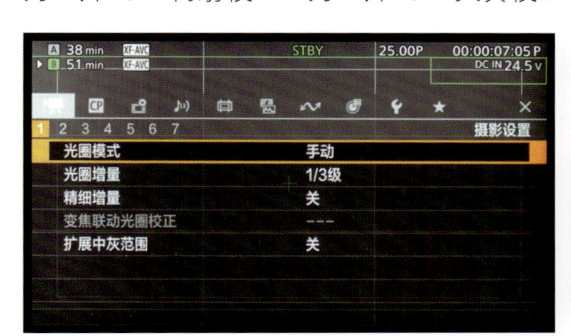

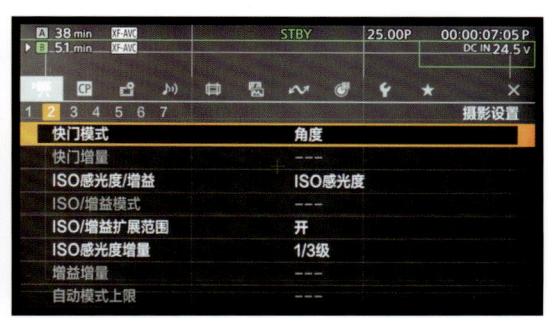

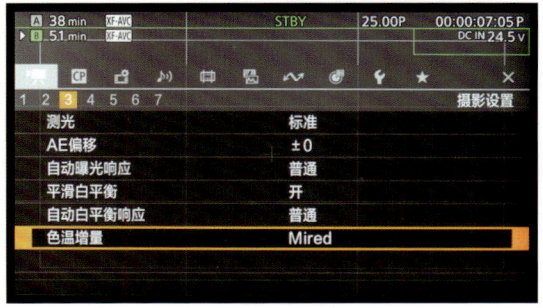

▲ 图 2-39

（3）利用快捷键直接设置白平衡是最快捷的方案，按下机身侧面的快捷键 1 可以在几个预设中快速设置白平衡。在使用电影摄像机直播时，更推荐在每次直播前手动设置白平衡，操作方法是先将电影摄像机镜头对准标准灰卡并使其位于画面中央，然后按下机身侧面的快捷键 2，此时可以看到电影摄像机屏幕上自定义 1 或自定义 2 图标闪烁，等其停止闪烁后即为其设定了自定义白平衡。（图 2-40）

▲ 图 2-40

（4）电影摄像机配备了大量实用的伽马曲线，能实现大光比环境下的拍摄，也能实现各种风格化实时调色。在直播时，可以将"选择 CP 文件"设置为"BT.709 Wide DR"，此时不需要对"查看帮助：HDMI"进行任何特别的设置；在较大的光比环境下，可以将"选择 CP 文件"设置为"Canon Log 2"或"Canon Log 3"，此时需要将"查看帮助：HDMI"设置为"开（BT.709）"。如果想在直播中实现电影般风格化的色彩，那么可以打开 Look File 功能，并导入提前准备好的 3D Lut 文件，此时不需要对"查看帮助：HDMI"进行任何特别的设置，HDMI 端子就能输出电影般质感和色调的直播画面了。（图 2-41）

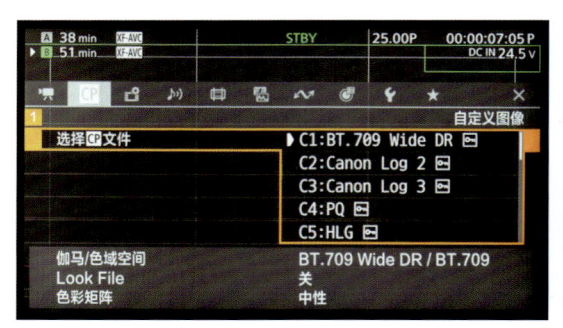

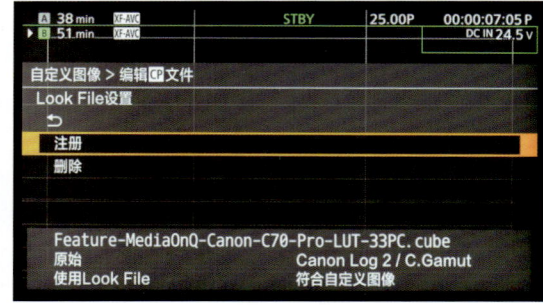

▲ 图 2-41

（5）EOS C70 具备优秀的对焦性能，推荐设置为："AF 模式"为"连续"，"AF 对焦框"为"整个区域"，"AF 速度"为"0"，"AF 响应"为"0"，"面部检测与追踪"为"开"，"面部 AF"为"面部优先"，"对焦环操作"为"AF 期间启用"，"对焦环响应"为"随旋转速度变化"。（图 2-42）

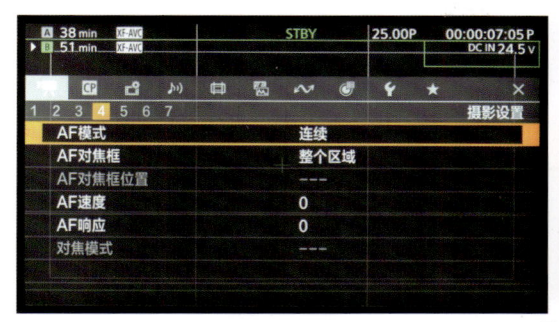

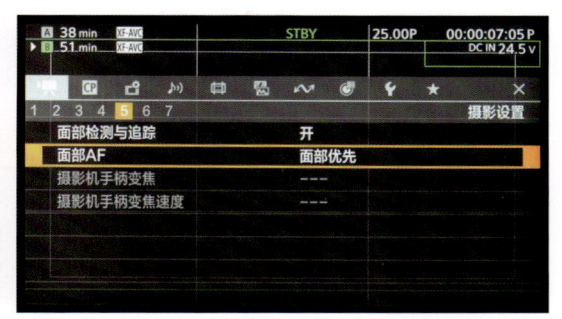

▲ 图 2-42

（6）直播中的音频输入可以使用两个 mini XLR 音频接口，也可以使用 3.5mm 麦克风接口，这部分设置和高阶专业数码摄像机类似。在使用两个 mini XLR 接口录音时，将音频输入选择的"通道 1/通道 2"设置为"INPUT 端子"，若麦克风无须电源供电，则将 INPUT1 和 INPUT2 的拨杆置于 MIC 位置，此时可以看到麦克风输入 1 和麦克风输入 2 的后面有音量电平显示；若麦克风需要 48V 幻象电源供电，则将 INPUT1 和 INPUT2 的拨杆置于 MIC+48V 位置，此时可以看到 INPUT1 MIC+48 和 INPUT2 MIC+48 的后面有音量电平显示。在使用 3.5mm 麦克风接口录音时，将音频输入选择的"通道 1/通道 2"设置为"MIC 端子"，此时可以看到 MIC L（带电源）和 MIC R（带电源）的后面有音量电平显示。将"监视器通道"设置为"通道 1/通道 2"，"HDMI OUT 通道"设置为"通道 1/通道 2"，"CH2 输入"设置为"输入 2"，"CH1/CH2 ALC 关联"设置为"已断开"。（图 2-43）

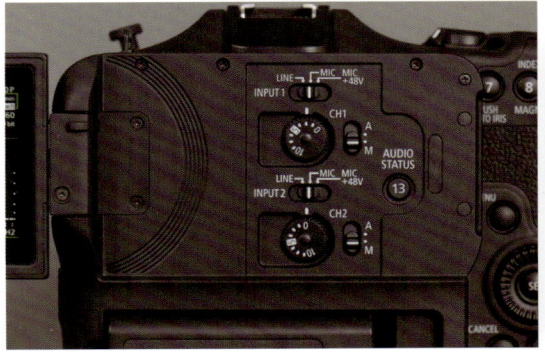

▲ 图 2-43

（7）EOS C70 采用 HDMI 端子输出，将"屏幕显示输出：HDMI"设置为"关"，"应用外围边框"设置为"关"，"HDMI 最高输出分辨率"设置为"1920×1080"，"HDMI 扫描模式"设置为"P"。（图 2-44）

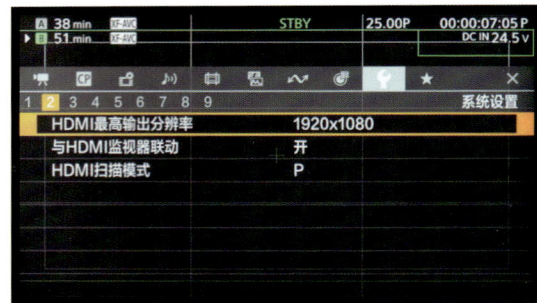

▲ 图 2-44

（8）EOS C70 左侧快捷按钮预设了丰富的辅助曝光和对焦的工具：按快捷键 3（PEAKING）开启轮廓对焦，按快捷键 4（WFM）启动波形示波器，按快捷键 6（ZEBRA）开启斑马纹识别功能，也可以在菜单中开启伪色功能帮助确认曝光。这里建议将波形示波器类型设置为"线 + 点"，此时屏幕中央会出现一个红色的方框，将方框对准人脸，在波形示波器中就会出现红色的波形，这个红色的波形能够帮助摄影师确认人物脸部的曝光情况。

镜头搭配

※ RF15-35mm F2.8 L IS USM

佳能 EOS C70 传感器为 Super 35mm，RF15-35mm F2.8 L IS USM 镜头的焦段大致等效于 35mm 规格的 24-56mm，这是室内人物拍摄最常用的焦段，能够满足大多数直播间主播出镜画面的拍摄需求。ASC 与 SWC 镀膜的应用可以减少直播间灯光的鬼影和眩光，从而实现清晰通透的画面表现效果。（图 2-45）

▲ 图 2-45

※ RF24-70mm F2.8 L IS USM

这支镜头等效于35mm规格的38.4-112mm，也是直播间主播出镜画面的常用焦段之一，除了能满足人物近景拍摄，还能兼顾部分产品特写拍摄。这支镜头 UD 镜片和非球面镜片的应用可以实现非常优秀的画质。

※ RF24-105mm F4 L IS USM

这支镜头等效于 35mm 规格的 38.4-168mm，恒定的 F4 光圈很适合在直播间使用，是一支通用型很强的镜头，也是一支兼具较好画质和经济性的镜头，能在直播中满足人物拍摄和产品特写拍摄的需求。（图 2-46）

▲ 图 2-46

※ RF70-200mm F2.8 L IS USM

这是一支全新设计的镜头，实现了较小的体积和轻量化的本体，等效于 35mm 规格的 112-320mm，画面从中心到边角都具有很好的画质，进一步提升了近摄性能，是非常适合拍摄特写画面的镜头。镜头的呼吸效应相比 EF 镜头有了大幅度的改善，对焦安静且迅速，能够拍摄出十分专业的特写运镜。（图 2-47）

▲ 图 2-47

※ EF 24-70mm F2.8L II USM（搭配卡口适配器 EF-EOS R 0.71×）

这是一支广受好评的经典焦段单反相机镜头，通过卡口适配器 EF-EOS R 0.71× 能够在 EOS C70 机身上实现等效于 35mm 规格的 24-70mm 画面，并且能够获得等效于 F2.0 的进光量，相当于提升了一档光圈值，同时能尽量保持 EF 镜头的绝大多数性能，如对焦性能。（图 2-48）

▲ 图 2-48

电影摄像机直播的优势

（1）画质优异是电影摄像机最大的优势，优秀的传感器性能和高规格的记录格式都是实现高画质的基础，电影摄像机的研发目的就是实现高画质，所以用它来直播将极大提升画面表现力。由于设备的特性，入门级的电影摄像机已经能为直播画面带来质的飞跃，且设备成本和高阶专业数码摄像机差不多，因此如果没有平滑变焦和大跨度使用不同焦段的需求，那么电影摄像机是更好的方案。

（2）与高阶专业数码摄像机相比，电影摄像机的另一大优势是可换镜头。由于专业微单镜头和单反镜头数量庞大、规格众多，因此这些镜头可以和电影摄像机组成高性能的直播拍摄系统。这些镜头的焦段跨度很大，从超广角到超长焦的产品很丰富，定焦和变焦镜头也很丰富，还有很多特殊规格的镜头。如果使用佳能 EOS C70 作为直播摄像机，则建议首选 RF 卡口镜头，因为它作为 EOS C70 支持的原生卡口镜头，画面表现和对焦性能都是最优的；如果使用 EF-EOS R 0.71×卡口适配器，那么也可以转接佳能 EF 卡口单反镜头，这样可以更充分地利用镜头的焦段，根据直播拍摄需求建议首选变焦镜头。

（3）电影摄像机配备了大量的专业接口（或称端子），包括画面输出、音频输入、数据传输、网络等接口。入门级电影摄像机主打单兵作战和小型团队拍摄，接口的数量和类别都不如高阶电影摄像机，但并不影响直播拍摄使用，即便是入门级电影摄像机的接口也可以满足直播拍摄需求。

（4）在体积方面，佳能 EOS C70 电影摄像机并没有比专业微单相机大多少，在专业微单相机外接了录音机和监视器的情况下，甚至比 EOS C70 的体积更大。相比高阶专业数码摄像机，EOS C70 也更小巧。

电影摄像机直播的劣势

成本是使用电影摄像机直播需要考虑的问题，如果是一机一镜的搭配方案，那么 EOS C70 的成本比高阶专业数码摄像机更低。高端专业微单相机在连接了录音机和类似 ATOMOS NINJA V 录机的情况下，成本甚至会超过 EOS C70。如果使用 EOS C70 组建一机多镜的直播拍摄系统，那么成本就会比较昂贵。

2.2 手机直播方案

2.2.1 入门手机直播方案

使用手机前置摄像头直播是最简单方便的直播方案，在竖屏直播时，使用手机桌面支架就可以拍摄稳定的直播画面。直播中需要注意直播间的光线情况，在光线过暗的环境下，手机前置摄像头的画面解析度会大幅下降，建议使用补光灯提升人物面部的亮度，从而提升面部画质。在没有专业灯光的情况下，可以使用台灯补光，这种最基础的直播方案要把着重点放在稳定的画面表现和持久的电力供应上，同时尽量满足人物面部补光需求，保持直播间安静。（图 2-49）

▲ 图 2-49

摄像机 / 镜头方案

当手机作为直播拍摄器材时，为了更方便地观看互动信息和自拍画面，只能使用前置摄像头拍摄，尽管前置摄像头的画质一般，但这也是无奈之举。

灯光 / 控光附件

就算没有专业灯光，也尽量不要在自然光环境下直播，特别是在昏暗的环境下，此时使用台灯补光也是一种方案，虽然显色性低，但是这样的布光也能提升面部画质，只不过不能带来很好的肤色表现。

三脚架 / 云台

使用桌面三脚架是最简单易行的支撑方案。

2.2.2 进阶手机直播方案

若要提升手机直播的品质，则可以从布光和收音两方面入手，专业灯光比家用照明灯光优势更大，也更适合直播补光。（图 2-50）

▲ 图 2-50

摄像机 / 镜头方案

使用手机前置摄像头作为直播拍摄器材。

灯光 / 控光附件

专业影视灯光的显色性更高，且不会出现频闪现象，在连接灯架和安装各种控光附件时也更容易，可以满足多种布光需求。在这个升级改造方案中，使用了一盏 LED 平板灯，型号为 amaran P60x，这是一盏双色温冷暖可调的 LED 灯，非常适合在狭小的空间内补光，柔光箱采用可折叠设计，灯体和柔光箱无论是使用状态还是收纳状态都很小巧，60W 的功率对单人手机直播来说足够充裕。从实际的补光效果可以看出，主播脸部的肤色表现更真实、画面解析力更高、脸部更有立体感，升高灯位也能有效避免眼镜反光的问题。

麦克风/支架

直播中另一项重要的提升内容就是声音的音质。如果仅使用手机本体的麦克风录音，那么房间的混响和周边的嘈杂环境声会影响主播的语音清晰度，此时使用外接麦克风能有效解决收音问题。最简单的方案是，使用手机自带的有线耳机，在佩戴耳机时，耳机上自带的麦克风距离嘴部较近，可以收到较为清晰的语音，如果很介意耳机出镜，那么可以在手机近距离直播时使用小型的机顶麦克风，这类麦克风具有指向性，麦克风正面的声音能被清晰地拾取，麦克风周围和后侧的环境音只会被少量地拾取。传统的小型机顶麦克风是 3.5mm TRS 音频接口的，在连接手机 3.5mm TRRS 耳机插孔时需要使用转接线；也有一些小型的机顶麦克风采用的是 iPhone 的闪电接口（Lightning），如 RØDE VideoMic Me-L，它们在连接 iPhone 和部分 iPad 时就很方便；还有一些小型的机顶麦克风采用的是 USB-C 接口，如 RØDE VideoMic Me-C，它们能很方便地与安卓手机和部分 iPad 连接使用。

三脚架/云台

使用桌面三脚架是最经济可行的支撑方案。

手机直播使用体验

手机是最简单的直播设备，可以实现快速开播，即使是没有专业拍摄知识和网络应用技术的普通人也能操作，所以手机适合对直播画质要求不高，对直播稳定性没有太多硬性要求的日常生活随拍、简单的网课直播和唱歌直播使用。

手机直播建议

手机直播除了要保证机位稳定，还有以下几点需要注意。

（1）直播前擦拭摄像头可以去除油污，使画面更通透，同时可以减少灯光眩光的影响。

（2）使用手机长时间直播时，可以连接电源以确保电力的稳定供应，为了给麦克风等设备预留充电接口，也可以采用无线充电的形式。

（3）在炎热的户外直播时，最好给手机做好防晒和降温，从而延长直播时间。

（4）小尺寸环形灯的补光效果十分有限。

（5）无论直播环境是否安静，都要养成使用麦克风的好习惯，因为直播时没有字幕，良好的收音效果对信息的传达很有帮助。

（6）直播时眼睛看着手机摄像头比看着屏幕更能增强观者的对话感。

（7）使用一个专门用于直播的手机和手机卡，排除电话、微信和各种 App 推送消息的打扰。

2.3 单机位直播方案

单机位直播方案是直播中最常见的方案，除了手机直播，最常用的拍摄设备是相机或摄像机，但是直播系统中并不只有相机一个设备，还会用到灯光、麦克风、三脚架或电脑等设备，如何使这些设备之间互相匹配呢？每个设备应该花费多少成本呢？每个设备应该具备怎样的规格和性能呢？不同的直播类型需求不同，搭配也不同，带货直播、网课直播、游戏直播、唱歌直播的目的不同，直播的成本和操作流程也完全不同，这些直播类型的器材搭配和技术应用会在后面几个章节中详细讲解，下面主要介绍一些通用案例的直播方案。

2.3.1 入门单机位直播方案

入门单机位直播方案适用于不满足手机画质的、对演示文档和音/视频展示有需求的、希望提升现场灯光表现力的用户，这套方案适合绝大多数个人主播使用，也适合带货直播、网课直播、技能直播等类型的应用。使用微单相机连接视频采集卡的方案可以实现双画面直播，包括微单相机画面和电脑画面，结合麦克风使用能够实现不错的音质效果。灯光是优质画面的保证，因为考虑到入门级拍摄需要在小空间内开展，所以，在保证灯光效果的前提下，灯光和控光附件要尽可能小巧。（图 2-51）

▲ 图 2-51

摄像机 / 镜头方案

相机选择佳能 EOS M50 Mark II 微单相机，镜头选择 EF-M 15-45mm f/3.5-6.3 IS STM，这套相机镜头搭配方案是小巧轻便的较好画质方案，镜头是 EOS M50 Mark II 微单相机的套装，焦段能够满足大部分室内人物的拍摄需求。（图 2-52）

▲ 图 2-52

灯光 / 控光附件

选择一盏 amaran P60x 灯光和柔光箱，可以满足主播的正面补光需求，如果主播距离背景较近，那么也能满足背景补光需求。

麦克风 / 支架

麦克风选择 RØDE Wireless GO II 无线麦克风，这款麦克风能够同时接收两位主播的声音，接收器的输出有模拟和数字两种传输方案。录音方案有两种：第一种方案是把 Wireless GO II 无线麦克风接收器的 3.5mm 音频接口通过 SC2 音频线直接连接到相机的麦克风接口上，实现模拟连接；第二种方案是把 Wireless GO II 无线麦克风接收器的 USB-C 接口通过数据线连接到电脑上，实现数字连接。如果不需要数字连接，那么也可以选择 Wireless GO 一代无线麦克风。（图 2-53）

▲ 图 2-53

导播台 / 采集卡

使用视频采集卡可以解决只有一路摄像机画面的问题。先将相机的 HDMI 接口连接至视频采集卡，再将视频采集卡的 USB 接口连接至电脑，就可以完成画面采集工作。（图 2-54）

▲ 图 2-54

电脑

电脑的主要工作是：接收相机画面，连接麦克风收音（如果有需要），将画面推流至直播平台，图片、视频或演示文档展示、音频播放，网页查看直播效果等。接收相机画面需要通过视频采集卡完成，这会占用一个 USB 接口；连接麦克风收音也会占用一个 USB 接口或 3.5mm 音频接口；画面推流可以使用专业的直播软件，或者使用 OBS 这样的开源直播推流软件；图片/视频或演示文档展示可以通过 OBS 窗口采集实现；音频展示可以通过音频输入采集实现；网页查看直播效果时请关闭网页声音。

三脚架/云台

轻型相机拍摄时建议使用轻型摄影三脚架和三维云台套装。曼富图 Befree Live Advanced 三脚架三维云台套装是适合旅拍的轻型三脚架套装，兼顾了摄影与摄像两种用途，可以承重 6kg，折叠后很小巧，适合个人主播多种用途使用。（图 2-55）

▲ 图 2-55

2.3.2 进阶单机位直播方案

如果入门级微单相机的画质不能满足直播需求，或者固定机位的画面不能满足运镜需求，那么就可以增加直播设备，进一步优化直播方案。

2.3.2.1 进阶单机位直播方案一

升级画质最直接的方式就是，升级为更高画质的相机，为了同步提升人物的肤质表现和直播间的补光效果，灯光的提升也是非常有必要的，同时为电脑增加扩展屏幕可以显著提升直播的监看效果。进阶单机位直播方案一主要是提升画质和人物的肤质表现，与此同时，直播操控的桌面显示和监看效果也上了一个台阶，可以实现摄像机和电脑演示文档双画面切换。（图 2-56）

▲ 图 2-56

摄像机 / 镜头方案

直播的拍摄器材升级为佳能 EOS R5，它能够显著提升人物的肤质表现和画面品质。EOS R5 专业微单相机的全画幅传感器能够实现极高的画质和较好的宽容度。相比入门级微单相机，专业微单相机的 HDMI 接口在输出画面的同时能实现本体录制，并且提供了更持久的电力供应。在大多数的直播中搭配 RF24-105mm F4 L IS USM 镜头就能满足拍摄需求。（图 2-57）

▲ 图 2-57

灯光 / 控光附件

两盏 130W 的 COB 结构 LED 灯在室内为人物补光时，不仅能充分提升人物的肤质表现，还能实现背景照明。amaran 100d 或 amaran 100x 是非常合适的灯光，因为 amaran 100d 有着与专业影视灯光 Aputure LS C120d II 类似的灯光品质和功能，但 amaran 100d 的成本却很低。双灯系统能够精准地调整主播脸部左侧和右侧的光比，从而表现出脸部立体感。由于灯光功率充足，因此建议使用中型抛物线柔光箱，如 Light Dome SE，相比迷你抛物线柔光箱，中型抛物线柔光箱能够实现更柔和的光线。

麦克风 / 支架

使用 RØDE Wireless GO II 无线麦克风作为直播收音设备，无线麦克风接收器可以直接连接相机或电脑并使用。

导播台 / 采集卡

使用视频采集卡作为直播画面的采集方案。

电脑

电脑的主要工作与前文入门单机位直播方案中的相同。常用的设备有平板电脑和笔记本电脑。（图 2-58）

▲ 图 2-58

监视器

为了控制桌面设备规模，建议使用便携显示器作为扩展显示设备。比如，华硕 ProArt 系列的 PA148CTV 显示器，这是一台 14 寸的超薄液晶显示器，它不仅内置两个 USB-C 接口和一个 Micro HDMI 接口，还内置电池和支架，在有些直播中甚至无须考虑供电问题，仅用一根带有 DP 功能的 USB-C 连接线即可，极大地简化了桌面设备。这台显示器可以分担电脑的很多显示功能，根据使用习惯可以将其作为查看网页直播效果的监视器，也可以作为显示 OBS 推流软件的界面，还可以作为展示演示文档的界面。

三脚架 / 云台

搭载佳能 EOS R5 的直播拍摄系统建议使用更稳固的三脚架。曼富图 190 系列铝合金四节专业三脚架套装是广受好评的经典三脚架，承重可达 12kg。曼富图 XPRO 系列三维云台带有伸缩把手，整体非常紧凑，适合对构图要求高和有较少运镜需求的用户使用。（图 2-59）

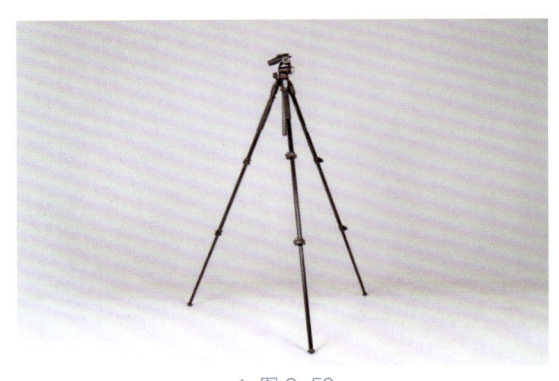

▲ 图 2-59

2.3.2.2 进阶单机位直播方案二

有些直播对画质的要求不是特别高，但在直播中需要频繁变焦和运镜，在这种情况下使用专业数码摄像机拍摄是更合适的方案。部分网课直播需要更好的音质，或者需要在稍微嘈杂的环境下实现更纯净的语音效果，这就可以通过提升麦克风来实现。这套方案也可以实现摄像机和电脑演示文档双画面切换。（图2-60）

▲ 图 2-60

摄像机 / 镜头方案

入门级专业数码摄像机的画质可以满足绝大多数的直播需求，平顺的变焦和宽广的焦段是它最大的优势，在这方面明显优于微单相机。佳能 XA45 非常适合在这样的场景中使用，两个 XLR 音频接口可以很方便地连接专业麦克风和音频设备，并且它拥有外接电源供电方案，能够保证长时间的直播供电。（图2-61）

▲ 图 2-61

灯光 / 控光附件

两盏 60W 的 LED 平板灯可以为小尺寸直播间提供充足的亮度，因为平板灯的柔光箱尺寸很小，所以两套 amaran P60x/P60c 平板灯和柔光箱的组合不会占用太大的空间，还可以通过调整两盏灯的光比来调节主播脸部的阴影，从而满足多种直播需求。双灯可以设置为双主光，兼顾主播和背景的打光，也可以设置为一支主光、一支背景光。

麦克风 / 支架

使用 RØDE NT-USB Mini 麦克风作为直播收音设备，这款麦克风的 USB 接口可以直接连接电脑使用。麦克风本体有监听耳机的插孔，能够实现实时监听。麦克风内置防喷罩，可以放心地近距离使用，并且它能够有效抑制周围环境的噪声，非常适合网课和注重语言表现力的直播场景。

导播台 / 采集卡

使用视频采集卡作为直播画面的采集方案。

电脑

电脑的主要工作与前文入门单机位直播方案中的相同。

监视器

华硕 ProArt 系列的 PA148CTV 显示器可以作为扩展显示器使用，承担演示文档展示、推流软件界面显示、网页查看直播效果等功能。（图 2-62）

▲ 图 2-62

三脚架 / 云台

搭配 XPRO 系列三维云台的曼富图 190 系列铝合金四节专业三脚架套装负责直播相机的支撑。这套方案强化了变焦操作，此时需要对三脚架进行精准的三维调节，三轴均可精细调整的结构对快速调整水平，并在水平基础上再对单轴进行调整非常有利。这套三脚架 / 云台组合非常适合需要频繁变焦和快速架设机位的单人直播使用。

2.4 多机位直播方案

多机位直播方案是更高级别的直播方案，在电视直播中应用广泛，目前也广泛应用于专业直播。相比单机位直播，多机位直播能够展示更多细节，使用多种镜头语言会让直播间的画面拥有更多的表达方式。通过多种拍摄设备的组合应用，可以切换固定机位和动态机位，以及人物画面和产品展示画面等。多画面应用也为画面切换带来了新课题，单人多机位直播和团队多机位直播的设备组合方案完全不同，在涉及多人直播和多声道应用时，甚至需要使用调音台等设备来管理音频。很多多机位直播需要移动机位，这也为三脚架和云台等制成设备带来挑战，带有液压功能的云台更适合专业的运镜操作，凸显格调的运镜也可以通过电控滑轨实现。多机位直播对电脑的处理性能要求也更高，需要显示器同时显示更多的内容，如何巧用专业显示器和监视器成为值得思考的问题。本书呈现的多机位直播方案的设计理念是使用尽可能少的设备组成最简单的连线方案。

2.4.1 入门多机位直播方案

多机位直播的初衷是解决单机位画面过于单调、直播画面不丰富的问题，但同时带来了摄像机搭配、是否多人操控、声音来源多样性等问题。所以，入门多机位直播方案还是以个人直播为主，主要解决主播一个人出镜且兼任导播工作的问题。在这套方案中，并没有加重主播的工作，也暂时不用考虑多声道切换的问题。这套方案可以实现两台摄像机和电脑演示文档共 3 个画面的切换，直播时需要一张大桌子或大平面。（图 2-63）

▲ 图 2-63

摄像机 / 镜头方案

注重画质的双机位拍摄方案可以使用两台微单相机作为直播拍摄设备。佳能 EOS R5 搭配 RF24-105mm F4 L IS USM 或 RF24-70mm F2.8 L IS USM 镜头作为主画面机位，EOS M50 Mark II 搭配 EF-M 15-45mm f/3.5-6.3 IS STM 镜头作为辅助机位，两台机器能够实现相似的色彩表现和优秀的直播画质。两台机器的画面可以分别侧重于主播和场景、主播和产品特写等多种方案。

灯光 / 控光附件

两盏 130W 的 COB 结构 LED 灯 amaran 100d 或 amaran 100x 在室内为人物补光时，不仅能充分提升人物的肤质表现，还能实现背景照明，搭配小型抛物线柔光箱 Light Dome Mini II 使用时可以实现丰富的灯光效果。在本案例的布光方案中，建议使用小型抛物线柔光箱时不要安装格栅。

麦克风 / 支架

使用 RØDE NT-USB Mini 麦克风作为直播收音设备，这款麦克风可以直接连接电脑使用。安装悬臂使用的 NT-USB Mini 麦克风能够更好地拾取人声，同时可以避免桌面手部动作发出的声响，实现更好的直播音质。RØDE PSA+ 悬臂支持的麦克风重量为 94g～1.2kg，搭配不同的麦克风使用都很方便。（图 2-64）

导播台 / 采集卡

导播台选择功能强大、性能稳定的 Roland VR-1HD，它可以实现两路摄像机画面和一路电脑的图片 / 视频或演示文档画面，这是一台做工扎实、耐用度相当高的三路专业导播切换台，三路输入的分辨率和帧率均可自动转换，这为混用多种画面信号提供了便利。Roland 很重视音频的应用，导播台内置了专业 XLR 音频接口并提供了 48V 幻象电源，在连接专业麦克风使用时非常方便。导播台可以调用混响和变声等功能，让声音多元化。VR-1HD 导播台的视频输出有三路 HDMI，三路画面分配方案非常灵活。同时，这款导播台还内置了 USB 接口，在连接电脑输出画面时，就不需要通过视频采集卡转换信号了。（图 2-65）

▲ 图 2-64　　　　　　　　　　　　　▲ 图 2-65

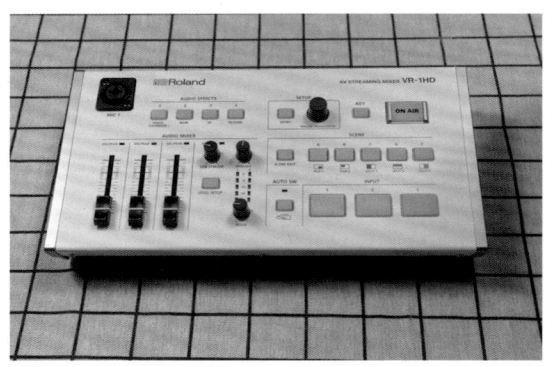

电脑

电脑及显示器的功能与特性要求与前面的要求相似，但通常对电脑和显示器的性能和配置要求更高。例如，华硕 ProArt PA90 是专门为影视工作者和设计师设计的电脑主机，可以处理图片后期工作，同时它拥有时尚的外形，在直播中出镜也很漂亮，强劲的处理性能使其能够同时完成视频采集、直播推流、直播录屏、素材展示、直播预览等多项工作，丰富的专业视频接口也为多屏工作提供了先天优势。（图 2-66）

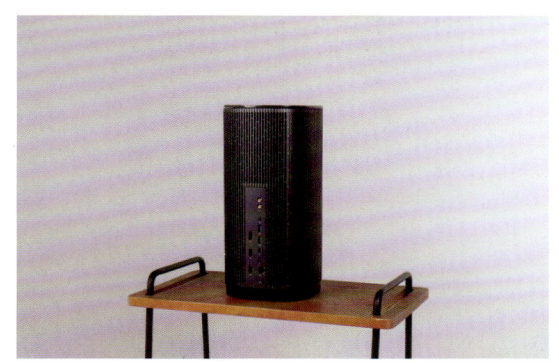

▲ 图 2-66

监视器

在多机位直播中，建议使用高分辨率、大尺寸的专业显示器，这是因为直播中需要同时使用众多 App，高分辨率、大尺寸的显示器有着先天优势，27 寸或更大尺寸的显示器最佳。多机位直播方案均使用华硕 ProArt 系列的 PA32UCR 显示器，这是一台定位专业用途的显示器，各项参数非常亮眼：4K 分辨率、32 寸屏幕、miniLED、1000nit 亮度、99.5% Adobe RGB、98% DCI-P3、100% sRGB、delta-E（ΔE）<1、USB-C×1、DisplayPort 1.2×1、HDMI(v2.0)×3。从性能上看，PA32UCR 显示器已经远远超过直播监看的作用，甚至可以胜任 HDR 视频剪辑和专业设计工作。因为考虑到很多对画质要求极高的个人及工作室有专业剪辑和后期工作的需求，所以使用 PA32UCR 显示器。在多机位直播方案中都使用这款显示器的原因是其具有分屏显示的功能。PA32UCR 显示器可以实现画中画、左右分屏和四分屏显示，5 个视频输入端（USB-C×1、DisplayPort 1.2×1、HDMI×3）中的 4 个可以任意组合并同时输入，32 寸的屏幕可以分割为 4 个 16 寸画面，而不需要 4 台显示器，这极大地简化了桌面的设备安排，也极大地降低了设备使用的故障率。在不直播时，PA32UCR 也是一台能够满足影视剪辑和设计的专业显示器。

三脚架 / 云台

搭配 XPRO 系列三维云台的曼富图 190 系列铝合金四节专业三脚架套装负责佳能 EOS R5 专业微单相机的支撑；曼富图 Befree Live Advanced 三脚架三维云台套装负责佳能 EOS M50 Mark II 微单相机的支撑。

2.4.2 进阶多机位直播方案

当多机位直播方案需要增加运镜和多声道音频切换时，主播就无法兼顾多画面切换、摄像机运镜、多声道切换等工作，这时就需要团队来完成。专职摄影师不仅能确保摄像机的构图和对焦正常，还能操控摄像机运镜完成复杂的拍摄，这样就能完全摆脱摄像机自动对焦和无法运镜的束缚。由于直播的信号源增多，因此需要有专职导播完成多画面切换和多声道切换，以及画面信号和音频信号的检查工作。

2.4.2.1 进阶多机位直播方案一

进阶多机位直播方案一侧重于画面运镜、图片和视频素材展示、多直播平台分发，所以在推流设备上使用了专业的直播一体机，这台设备集成了画面切换和声音切换功能，极大地简化了直播流程。因为这套方案有导播和摄影师协助，所以主播可以全力投入到直播工作中。为了让显示器画面显示更从容，可以在专业大屏显示器的基础上再拓展一个迷你便携显示器。这套方案适合多平台推广的商业直播，也可以实现两台摄像机和直播机 SD 卡内图片 / 视频共 3 个画面的切换。（图 2-67）

▲ 图 2-67

摄像机 / 镜头方案

在注重运镜和机动性的双机位拍摄方案中，可以使用一台专业微单相机佳能 EOS R5 拍摄人物主画面，使用一台入门级专业数码摄像机佳能 XA45 提升运镜效果。在进阶多机位直播方案一中，由于经费有限，因此无法满足两台设备均为高画质摄像机。在选择拍摄器材时，出镜时长最多的主机位可以侧重高画质，另一台辅助机位可以选择变焦灵活、对焦可靠的机型。EOS R5 可以搭配 RF24-105mm F4 L IS USM 或 RF24-70mm F2.8 L IS USM 镜头使用。

灯光 / 控光附件

在需要运镜的直播环境中，两盏 250W 的 COB 结构 LED 灯 amaran 200d 或 amaran 200x 更为合适，充足的光线能够覆盖整个直播间。布光时还是遵循均匀打光的思路，两个中型抛物线柔光箱 Light Dome II 不仅能为主播打光，还能兼顾主播身后的背景照明。

麦克风 / 支架

使用 RØDE PodMic 动圈麦克风作为直播收音设备，这款麦克风适应性非常强，能够在并不安静的环境中，或者是没有严格声学结构设计的房间内录制清晰的人声。安装悬臂使用的 PodMic 动圈麦克风能够更好地拾取人声，同时可以避免桌面手部动作发出的声响，实现更好的直播音质。

导播台 / 采集卡

这套方案中导播台的工作由直播一体机云犀 BOX 4.0 完成，它不仅能实现两路输入、电脑图片/视频或演示文档展示（若有必要）、SD 卡内视频随意切换功能，还能实现角标和游飞字幕展示功能。左右分屏、画中画这种常规操作也可以轻松实现。其实，云犀 BOX 4.0 并不只有导播台功能，直播推流也是其重要功能之一，当使用这台设备直播时，基本可以不依靠电脑完成直播。（图 2-68）

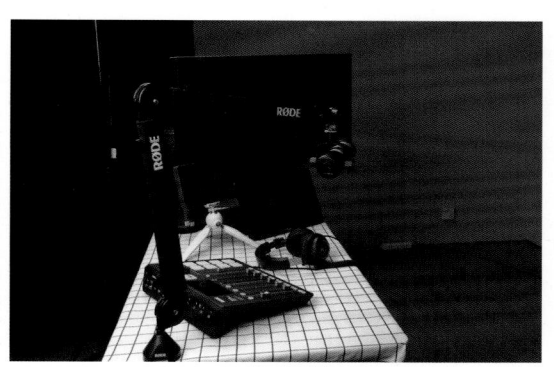

▲ 图 2-68

调音台

调音台是重要的声音混合处理设备，带有 USB 声卡功能的调音台非常适合直播时使用，这套直播方案中使用的是 RØDECaster Pro 播客一体机。Caster Pro 播客一体机不仅是一台单纯的调音台，还是一台结合了打击垫、声卡、耳机分配器和录音机的数字调音台，打击垫可以内置背景音乐、开场音乐、掌声和笑声等声音特效。Caster Pro 播客一体机内置的压缩器和噪声门能够提升主播的声音清晰度，激励器和齿音消除功能还可以有效提升主播的声音魅力。声音的传输方案既可以通过 USB 接口数字输出至电脑作为电脑声卡使用，又可以通过模拟音频输出接口使用。

电脑

电脑使用华硕 ProArt PA90 主机，其主要作用为连接调音台音频、图片/视频或演示文档展示、网页查看直播效果。

监视器

配备双显示器的直播能够带来更多的界面显示方案，本案例使用华硕 ProArt 系列的

PA32UCR 显示器和便携的 PA148CTV 显示器组成的双屏显示系统。PA32UCR 显示器用于连接电脑；PA148CTV 显示器用于连接云犀 BOX 4.0 直播一体机，并预览输出最终的直播画面。

三脚架 / 云台

搭配 XPRO 系列三维云台的曼富图 190 系列铝合金四节专业三脚架套装负责佳能 EOS R5 专业微单相机的支撑；曼富图 504X 液压摄像云台和 635 快开单管碳纤维摄像三脚架套装负责佳能 XA45 入门级专业数码摄像机的支撑。（图 2-69）

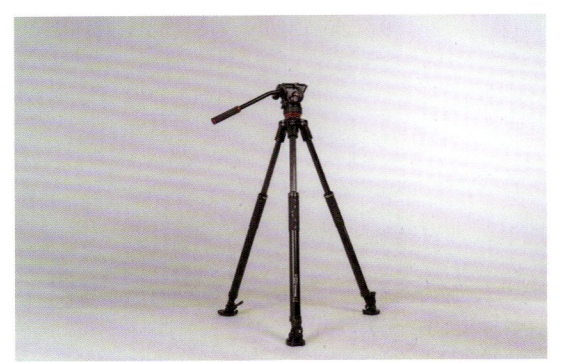

▲ 图 2-69

其他配件

监听耳机为 Mackie MC-350，这副全封闭的监听耳机能够让导播在隔绝现场环境声的情况下专注于主播的人声表现。耳机的声音表现很特别，导播能够很容易地听出主播声音的瑕疵，从而快速调整主播的人声效果。耳机的阻抗为 32Ω，结构坚固，旋转耳罩后能进一步压缩体积，方便外出携带，弹力线材在意外的拉扯中可以保证接头不易受损。（图 2-70）

▲ 图 2-70

2.4.2.2 进阶多机位直播方案二

进阶多机位直播方案二侧重于画质和运镜品质，这套方案能够凸显专业的画面效果，适合展示主播的个人魅力，打造个人 IP 的专业直播，如专业精品网课和专业才艺直播等。电控滑轨的设置可以通过手机 App 完成，即便是单独展示电控滑轨搭载的机位画面，也不会显得单调。这套方案需要面积更大的直播间，也需要分别对主播和背景打光，实现多种布光方案。同时，需要提升主播的声音品质，满足多声道音频应用。这套方案可以实现两台摄像机和电脑演示文档共 3 个画面的切换。（图 2-71）

▲ 图 2-71

摄像机 / 镜头方案

注重画质的固定机位为佳能 EOS C70 电影摄像机，搭配镜头为 RF15-35mm F2.8 L IS USM。较为轻巧的佳能 EOS R5 专业微单相机搭配 RF24-105mm F4 L IS USM 镜头作为滑轨上的移动机位。两台摄像机均能带来非凡的画质，EOS C70 拍摄的主画面能够实现电影般的质感，EOS R5 拍摄的移动画面可以放心使用自动对焦，两个机位切换后的直播画面能够显著提升直播格调。（图 2-72）

▲ 图 2-72

灯光 / 控光附件

这套直播方案需要面积更大的直播间，也需要分别对人物和背景打光。所以，主光使用两盏 350W 的高亮 COB 结构 LED 灯 Aputure LS C300d II，并分别安装灯笼造型的 Lantern 球形柔光箱，此时的光线可以填充整个直播间，并且光线非常柔和均匀，这是非常理想的直播间灯光氛围。使用两盏 amaran P60c 平板染色灯为背景染色，由于 amaran P60c 可以打造不同色温的光线和彩色光线，因此可以根据直播间的氛围设计不同的布光方案。

麦克风 / 支架

安静的直播间建议使用大振膜电容麦克风作为直播收音设备，RØDE NT1 和 RØDE NT2-A 都是很合适的选择。大振膜电容麦克风的特色是灵敏度高，这两款麦克风在人声的表现力方面都非常优秀，且噪声很低，是实现直播高品质人声的性价比产品。Caster Pro 播客一体机内置 NT1 适配系统，可以无缝兼容，从而发挥出这款麦克风的最佳性能。

导播台 / 采集卡

导播台选择功能强大、性能稳定的 Roland VR-1HD，它可以实现两路摄像机画面和一路电脑的图片 / 视频或演示文档画面。

调音台

调音台使用带有 USB 声卡功能的 RØDECaster Pro 播客一体机。

电脑

电脑使用华硕 ProArt PA90 主机，其主要作用为接收导播台画面、连接调音台音频、将画面推流至直播平台、图片 / 视频或演示文档展示、音频展示、网页查看直播效果。

监视器

本案例使用华硕 ProArt 系列的 PA32UCR 显示器和便携的 PA148CTV 显示器组成的双屏显示系统，可以将 PA32UCR 显示器设置为四分屏，其中一路画面输入用于连接电脑，其他三路画面用于连接 Roland VR-1HD 导播台。PA148CTV 显示器用于连接华硕 ProArt PA90 主机，使其成为电脑的第 2 块屏幕。当主播需要观看演示文档时，也可以将 PA148CTV 显示器连接至 Roland VR-1HD 导播台标有"THRU"的 HDMI 接口，此时主播能够看到 Roland VR-1HD 导播台第 3 路 HDMI 接口的画面，如课件等演示文档。

三脚架 / 云台

搭配 XPRO 系列三维云台的曼富图 190 系列铝合金四节专业三脚架套装负责佳能 EOS C70 电影摄像机的支撑；两支曼富图 190 系列铝合金四节专业三脚架负责曼富图电控滑轨系统的支撑。（图 2-73）

其他配件

曼富图魔毯滑轨是非常优秀的滑轨，具有结构简洁、运行平稳的特点。铝合金版本的

60cm 短轨非常适合人物采访和专业直播使用，其运行状态下拍摄的视觉差是对直播固定机位很好的补充。曼富图魔毯滑轨搭配一代大精灵电控模块和二代迷你小精灵电控转盘，可升级为两轴电控滑轨系统。手机 App 能够快速设置 AB 点和往返速度，使运动机位的相机在预设的 AB 点之间往复运动，从而拍摄出精彩的人物访谈运动画面，当然也可以作为产品展示的运动机位，这样的运动机位是摄影师手动操作所难以复制的。（图 2-74）

监听耳机为 Mackie MC-350。

▲ 图 2-73　　　　　　　　　　　▲ 图 2-74

2.4.3 高阶多机位直播方案

高阶多机位直播方案中使用了 3 台画质非常优秀的摄像机，加上电脑的图片视频或演示文档画面，最多可以切换四路画面，这些画面包括主播画面、特写画面和机动的运镜画面等，可以打造丰富的现场展示效果。三脚架云台套装建议使用承重大的专业液压云台，这是直播画面稳定的前提。在复杂的直播中，每增加一个设备就意味着增大了几倍的故障概率，任何一个设备出现问题都会影响直播安全。所以，在高阶多机位直播方案中，要尽可能使用带有专业接口的专业设备，更牢靠的线缆连接方案和更稳定的器材，这样才能进一步保证直播的安全。同时，做好备播方案也是复杂直播中需要注意的问题。

摄像机 / 镜头方案

佳能 EOS C70 电影摄像机搭配 RF15-35mm F2.8 L IS USM 镜头作为主机位拍摄设备，佳能 EOS R5 专业微单相机搭配 RF24-105mm F4 L IS USM 或 RF70-200mm F2.8 L IS USM 镜头作为副机位拍摄设备。机动机位选择性能强大、稳定性高的高阶专业数码摄像机佳能 XF605，这台摄像机拥有不俗的画质和极佳的操控性能，能够在直播中完成专业的运镜操作，是专业直播中的完美搭档。这 3 台设备拥有相同的色彩基因，能够实现色调统一的高画质直播。

灯光 / 控光附件

主光为两盏 350W 的高亮 COB 结构 LED 灯 Aputure LS C300d II，并分别安装灯笼

造型的 Lantern 球形柔光箱，此时直播间的光线非常柔和均匀，这是理想的直播间灯光氛围。如果想提升直播间背景灯光的可塑性，那么需要一盏大功率、性能优异的 RGB 彩灯。大多数 RGB 彩灯的功率都不大，在为已有主光的直播间背景打光时，彩灯的饱和度会显得很低，色彩也不鲜艳，并且灯光照射面积小。在专业的直播间中，需要一盏 300W 的 Aputure Nova P300c 彩色 RGB 灯，这盏灯的功率能够满足大范围的背景染色需求，从而提升直播间的灯光品质。

麦克风 / 支架

使用大振膜电容麦克风作为直播收音设备，可以选择 RØDE NT1 或 RØDE NT2-A 麦克风。

导播台 / 采集卡

导播台选择功能强大、性能稳定的四路导播台 Roland V-1HD+，它可以实现三路摄像机画面和一路电脑的图片 / 视频或演示文档画面，这是一台面向专业从业者的导播台，能够满足专业直播和小型演出需求，10 个画面组成的预监界面非常直观，再加上内置效果器的十四通道音频混合系统，极大地提升了导播台在直播操控时的安全级别。（图 2-75）

Roland V-1HD+ 导播台需要通过一个视频采集卡连接至电脑。

▲ 图 2-75

调音台

调音台使用带有 USB 声卡功能的 RØDECaster Pro 播客一体机。

电脑

电脑使用华硕 ProArt PA90 主机，其主要作用为接收导播台画面、连接调音台音频、将画面推流至直播平台、图片 / 视频或演示文档展示、音频展示、网页查看直播效果。

监视器

本案例使用华硕 ProArt 系列的 PA32UCR 显示器和便携的 PA148CTV 显示器组成的双

屏显示系统。PA148CTV 显示器用于连接华硕 ProArt PA90 主机，使其成为电脑的第 2 块屏幕。PA32UCR 显示器用于连接 Roland V-1HD+ 导播台，32 寸屏幕显示 10 个画面组成的预监界面非常合适，每一路视频输入的状态、4 个静帧的画面、PGM 输出和 PST 输出都一目了然。（图 2-76）

▲ 图 2-76

Roland V-1HD+ 导播台可以通过 USB 接口连接 iPad，也可以通过 V-1HD+ Remote 这款 App 对导播台进行设置和操控，甚至实现调音台操控。

三脚架 / 云台

搭配 XPRO 系列三维云台的曼富图 190 系列铝合金四节专业三脚架套装负责佳能 EOS C70 电影摄像机和佳能 EOS R5 专业微单相机的支撑；曼富图 504X 液压摄像云台和 635 快开单管碳纤维摄像三脚架套装负责高阶专业数码摄像机佳能 XF605 的支撑。504X 液压摄像云台最高可提供 6.5kg 反弹力，能够提供平稳流畅的摇摄和俯仰操控体验。635 快开单管碳纤维摄像三脚架拥有独特的旋锁结构，能在很短的时间内快速调节三脚架每条支撑腿的长度，支撑脚也能满足不同地面的支撑需求，相比传统的双管摄像三脚架，单管更轻巧，收纳体积和重量也更小。

其他配件

监听耳机为 Mackie MC-350。

第 3 章　提升直播音质

直播中重要的不只是画面，声音也同样重要，优质的声音是提升直播品质的重要因素之一。直播中需要具备什么样的声音品质呢？语音清晰、饱满、无杂音是重要的衡量标准，实现这样的声音品质需要选择正确的麦克风种类，学习正确的麦克风使用技巧，选择最优的麦克风连接方案，以及适当使用录音设备和音频接口的声音效果器。

不同的直播类型需要使用哪种声音采集设备呢？不同的直播环境需要使用不同的声音采集设备，这些设备不仅包括麦克风，还包括连接电脑或摄像机的音频接口（声卡）和调音台等。户外直播和室内直播的环境噪声不同，风噪对录音的影响也不同，在不同环境下使用不同灵敏度的麦克风有助于提升直播录音效果。在必要时，还需要借助海绵防风罩和人造皮毛防风罩隔绝风力对录音的影响。不同的音频接口支持麦克风输入的数量和种类不同，能实现的监听和音频效果也不同，如果摄像机本体不带专业的音频接口，那么就需要借助专业的音频接口来实现多声道音频输入。调音台也是重要的直播音频设备，特别适合多人直播，除此之外，调音台在音频操控的便利性方面有着得天独厚的优势。

3.1 麦克风的分类与选择

根据咪头结构的差异、造型的区别和不同的连接方案，麦克风可以分为很多种类，比如动圈麦克风、电容麦克风、电子管麦克风、铝带麦克风，再比如枪式麦克风、领夹麦克风等。这些麦克风都有各自的特点，在直播中可以根据使用场景的差异和直播环境的区别使用不同种类的麦克风，以此来获得最佳的声音效果和录音体验。本书将以RØDE（罗德）麦克风为例进行讲解。

3.1.1 领夹麦克风

领夹麦克风常用于直播和短视频录制，在更专业的领域中，领夹麦克风也用于演出、影视剧拍摄和访谈。领夹麦克风是一种可以夹在领口或布置在服装内部的小型麦克风，大多数领夹麦克风是全指向性的咪头，由于麦克风对近距离的音源录音采集效果更好，因此在使用领夹麦克风录制主播人声时，主播的声音录制较多，而周围的环境音录制较少，所以领夹麦克风录制的人声音频环境感不强，这正好符合直播的要求。（图 3-1）

▲ 图 3-1

RØDE Wireless GO II

这是目前最流行的无线领夹麦克风之一。Wireless GO II 无线领夹麦克风有一拖一和一拖二两个版本，这款无线领夹麦克风的体积非常小，开机时无线发射器和无线接收器可以自动配对，并迅速开展工作。无线发射器内置了一个麦克风，把发射器夹在胸前就可以开始录制，若想获得更好的音质，则可以在发射器上外接一个领夹麦克风。Wireless GO II 无线接收器拥有 3.5mm 的 TRS 模拟音频输出接口，在连接手机、数码相机和数码摄像机时都非常容易，当然也可以使用这个模拟音频输出接口连接电脑。当用户想要获得更高的音质时，Wireless GO II 无线接收器上的 USB-C 接口可以提供音质更佳的数字连接方案，在连接电脑直播推流时会更加方便。无线领夹麦克风在某些环境下有受到电磁干扰的可能性，Wireless GO II 无线发射器内部拥有板载录音功能，必要时可以将板载录制的音频替换掉直播录像中的音频，以获得最稳妥的录音方案。（图 3-2）

▲ 图 3-2

Wireless GO II 无线领夹麦克风适合在户外和室内的单人或双人直播时使用，无线连接方式和开机即用的快速响应模式特别适合高效的直播。在户外有风环境下使用时，应尽量使用防风罩。

【视频】
Wireless GO II
使用说明

RØDE Lavalier II

Lavalier II 是一款连接稳定的优质领夹麦克风，搭配 Wireless GO II 无线领夹麦克风和 AI-Micro 音频接口使用非常理想，在连接带有安全螺丝的腰包发射器使用时更加安全稳妥。Lavalier II 领夹麦克风的咪头为全指向性，高、中、低频的频响曲线很平直，可以录制清晰、有骨感的人声音频。Lavalier II 领夹麦克风的咪头采用扁平设计，并结合小巧的夹具，使佩戴效果更为低调，扁平的线材也不容易缠绕，3.5mm TRS 接口配备了安全螺丝，所以在连接时也不容易被拉扯脱落。Lavalier II 领夹麦克风配备了多种颜色的彩色识别标签，可以让导播和辅助工作人员快速识别。（图 3-3）

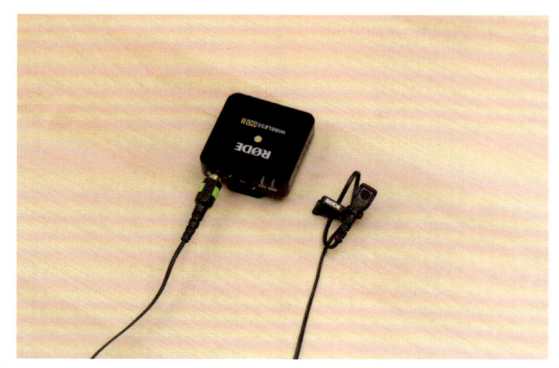

▲ 图 3-3

RØDE Lavalier GO

【视频】领夹麦克风不同佩戴位置对音质的影响

　　Lavalier GO 是一款简单易用的优质领夹麦克风，可以搭配 Wireless GO II 无线领夹麦克风和 AI-Micro 音频接口使用。Lavalier GO 领夹麦克风的咪头为全指向性，可以录制清晰的人声音频。这款麦克风有黑、白两种颜色，无论是穿着深色服装还是浅色服装，都能找到合适的搭配方案。（图 3-4）

▲ 图 3-4

3.1.2 动圈麦克风

　　动圈麦克风在直播过程中非常适合录制人声，在户外嘈杂的环境下和未经声学改造的室内也能录制清晰的人声。动圈麦克风的结构非常坚固且经久耐用，是理想的直播麦克风。由于常见的动圈麦克风带有指向性、灵敏度不高，因此在直播时嘴部需要贴近麦克风使用，此时直播间的灯光、电脑和空调等设备发出的噪声对录制的影响不大，房间的混响对录制的影响也非常有限。（图 3-5）

▲ 图 3-5

RØDE PodMic

PodMic 是适合播客和直播时使用的动圈麦克风，指向为心形，心形指向的麦克风对正面声音的录制效果较好，能够有效地降低来自麦克风侧面和背面的音量，非常适合语音录制。由于它对语音进行了优化，因此语音录制效果清晰、低频饱满，并且内置防喷罩结构，能显著降低喷麦的概率。PodMic 可以快速安装在桌面和悬臂麦克风支架上，供主播使用。当 PodMic 麦克风连接 RØDECaster Pro 播客一体机使用时，可以开启内部的预设，它拥有非常高的匹配度。（图 3-6）

RØDE M1

M1 是适合现场演出和直播时使用的动圈麦克风，心形指向，语音录制效果清晰。M1 内置防喷罩结构，在直播时不容易发生喷麦现象。这款麦克风适合手持使用，也可以安装在桌面和悬臂麦克风支架上使用。（图 3-7）

▲ 图 3-6　　　　　　　　　　　▲ 图 3-7

3.1.3 电容麦克风

电容麦克风的灵敏度高、声音细腻均衡，在直播时能表现出很有质感的人声，特别适合在演唱和网课类直播中使用。由于电容麦克风的灵敏度很高，因此建议在安静的直播间使用，与其搭配的直播设备要关注散热风扇和设备发出的噪声，必要时甚至需要关掉空调。安装时可以使用悬臂麦克风支架，这样可以进一步降低桌面手部动作对录音产生的噪声影响。大部分大振膜电容麦克风需要 48V 幻象电源供电。由于电容麦克风结构精巧，因此在使用时需要轻拿轻放，保持合适的湿度则能够使用得更久。（图 3-8）

RØDE NT1

NT1 是一款经典的大振膜电容麦克风，心形指向的麦克风对语音录制非常友好，这款麦克风拥有非常平直的频率曲线，能够录制极具魅力的人声。这是一款本体噪声很低的麦克风，在连接 RØDECaster Pro 播客一体机使用时，可以开启内部的预设，它拥有非常高的匹配度，建议在需要展现人声魅力的直播中使用，如演唱类直播、网课类直播、心情故

事类直播。（图 3-9）

▲ 图 3-8

▲ 图 3-9

3.1.4　电子管麦克风

电子管结构的麦克风曾风靡一时，其温润的音色和宽广的动态范围使其成为众多歌手在录音棚录制唱片时的首选。电子管麦克风通常有独立的电源，但在通电一段时间后（半小时到 1 小时）才能达到最佳的状态，因此在使用时并不如传统的动圈麦克风和电容麦克风方便，主要适合对音质和音色要求较高的演唱类主播使用。

RØDE K2

K2 是一款用途广泛的高性价比电子管结构的麦克风，可以手动切换心形指向、全指向和"8 字"形指向，适合单人与合唱等多种录制场景，也适合高品质演唱类直播使用。（图 3-10）

▲ 图 3-10

3.1.5　USB 麦克风

USB 麦克风并不是一种麦克风类型，而是指带有 USB 音频输出方式的麦克风，麦克风的咪头可以是驻极体或小振膜等种类的，麦克风的种类可以是机顶麦克风、无线领夹麦克风或桌面使用的麦克风等。USB 麦克风的输出方式除了 USB 数字音频输出，还有模拟输出，仅有数字音频输出方式的 USB 麦克风是连接电脑最简单的方案，因为负责数模转换的芯片已经在 USB 麦克风内部，相当于麦克风内已经内置了声卡功能，多支 USB 麦克风在连接电脑时也无须再通过调音台等设备。（图 3-11）

RØDE NT-USB Mini

NT-USB Mini 是一款小巧的桌面 USB 麦克风，心形指向，在连接电脑时只需一根 USB 连接线，这是一款用于电脑推流直播场景，注重语音清晰度和声音品质的麦克风。麦克风内置 3.5mm TRS 监听耳机插孔，前面板有监听音量控制旋钮且自带桌面底座，在网课和游戏类直播中，建议安装在麦克风悬臂上使用。（图 3-12）

▲ 图 3-11

▲ 图 3-12

RØDE Wireless GO II

Wireless GO II 是一款带有 USB 数字音频输出接口和 3.5mm TRS 模拟音频输出接口的无线领夹麦克风，不仅可以很方便地连接数码相机和数码摄像机，还可以只用一根 USB 连接线连接电脑。一拖二版本的 Wireless GO II 无线领夹麦克风在通过 USB 数字音频输出接口连接电脑时，可以在电脑中分别调节两支麦克风的音量，是一款很好的双人直播声音采集设备。（图 3-13）

▲ 图 3-13

3.1.6 机顶麦克风

机顶麦克风是视频创作者常用的麦克风类型，通常具有超心形指向性，在录制人声的同时能采集到一些人物所处的环境音，并且可以降低部分人物身边环境音的干扰。如果以直播为目的，那么不推荐主播选购，但如果是一位已经拥有机顶麦克风的视频创作者，那么也可以在直播中尝试使用，因为在近距离使用时，机顶麦克风也可以实现很好的人声采集效果，如果这款机顶麦克风自带 USB 数字音频输出接口，那么在电脑推流的直播中使用就非常方便了。（图 3-14）

RØDE VideoMic NTG

VideoMic NTG 是一款带有 USB 数字音频输出接口和 3.5mm 模拟音频输出接口的机顶麦克风，具有超心形指向性，声音通透，有着不错的低频表现。在使用 USB 数字音频输出接口连接电脑时，3.5mm 模拟音频输出接口就可以当作监听耳机插孔使用，机身自带的音量旋钮可以控制监听耳机的音量。VideoMic NTG 本体自带高通滤波器实体按钮和音量增益旋钮，并且内置锂电池，3.5mm 模拟音频输出接口能够自动识别 TRS 和 TRRS 规格。（图 3-15）

▲ 图 3-14

▲ 图 3-15

RØDE ViedoMic GO II

ViedoMic GO II 是一款带有 USB 数字音频输出接口和 3.5mm TRS 模拟音频输出接口的机顶麦克风，具有超心形指向性，声音通透，非常轻巧。ViedoMic GO II 机身比 VideoMic NTG 机身更短，而且没有内置电池和实体按键。在使用 3.5mm TRS 模拟音频输出接口时，数码相机和数码摄像机为其提供电力支持。在使用 USB 数字音频输出接口连接电脑时，3.5mm 模拟音频输出接口可以当作监听耳机插孔使用，监听耳机的音量可以在电脑上调节。（图 3-16）

RØDE VideoMic Me-C/VideoMic Me-L

VideoMic Me-C 是一款带有 USB-C 接口的便携指向性麦克风，可以在安卓和 iOS 设备上使用。VideoMic Me-L 是一款带有闪电接口（Lightning）的便携指向性麦克风，可以在 iOS 设备上使用。两款麦克风均带有 3.5mm TRS 监听耳机插孔，可以在直播时提供耳机监听功能，使用前需要先确定直播 App 是否可以调用移动设备的音频芯片。

▲ 图 3-16

3.2 调音台应用

调音台的英文名称为 Mixer，也就是混音器的意思。调音台的作用是连接多个输入音源，包括麦克风、乐器和其他播放设备（CD 机、音频播放器、电视、电脑），经过混合后将声音送到输出端口，调音台上的声音增益旋钮和音量推子可以控制每一路输入的音量，有些调音台还能对每一路音频增加效果器。调音台是演出和直播过程中重要的音频设备，选择一款调音台之前要先明确一共需要几路输入、几路输出、声音需要增加什么效果等。现在的调音台可以根据不同的用途加入很多实用的功能，如数字输出接口、录音等。

3.2.1 软件调音台应用

软件调音台可以在电脑中虚拟一个调音台的 App 应用，此时所有的调节都可以在电脑中完成，电脑也无须外接任何实体调音台，所有麦克风都可以用 USB 数字接口的方式连接到电脑中。以 RØDE 麦克风为例，虚拟调音台 App 的名称叫作 RØDE Connect，这款 App 可以在 Mac 电脑和 Windows 电脑中运行。这款 App 支持同时使用 4 支麦克风，也可以将电脑中的声音接入到这款虚拟调音台 App 中，如电脑中播放的音频和视频、演示文档中的声音、游戏音频等，部分社交类 App 也能连接到 RØDE Connect 中，以实现直播语音连线功能。这款 App 集成了 RØDECaster Pro 播客一体机的绝大多数功能，也包括音效打击垫，在直播时，主播只要动动鼠标就可以在电脑中操控所有的音频。RØDE Connect 也提供了录制功能，可以在直播过程中把所有的直播音频都录制到一个文件中。（图 3-17）

▲ 图 3-17

NT-USB Mini、VideoMic NTG、ViedoMic GO II 和 Wireless GO II 麦克风只需用 USB 线连接到电脑中即可被 RØDE Connect 识别，一拖二版本的 Wireless GO II 会被识别为两支独立的麦克风。如果手头上没有上述麦克风也没有关系，借助一支 AI-Micro 音频接口可以同时将两支 3.5mm TRS 或 TRRS 规格的麦克风连接到电脑中，RØDE Connect 也可以将其识别为两支麦克风。

单击 RØDE Connect 界面左侧的"话筒"图标即可进入每一路话筒的设置界面，在这里可以调整话筒的音量电平、开启或关闭噪声门、设置压缩器、激活高音激励器与低音激励器。（图 3-18）

将电脑的声音输入和输出均设置为 RØDE Connect System，这样在播放电脑中的音频时，就可以在 RØDE Connect 的"系统"

▲ 图 3-18

这一路中看到音量电平，如果在直播中需要通过社交软件进行语音连线，那么可以在社交软件的声音输入和输出中设置为 RØDE Connect Virtual。在所有的声音设置完毕后，打开 OBS 推流软件，将"麦克风/Aux"的属性设置为 RØDE Connect Stream，此时所有的音频均已设置完毕，直播时只需在 RØDE Connect 这款 App 中拖动每一路推子，就可以操控每一路音频了。

3.2.2 实体调音台应用

与软件调音台相比，实体调音台的操控手感更好，操控也更及时，并且操作过程不会占用电脑硬件算力。调音台是传统的音频设备，发展至今已经有几十年的历史，是非常成熟的现场和录音室混音设备。经过多年的发展，很多专项领域的调音台中也加入了新功能，有一些功能非常适合在直播中使用。下面以 RØDECaster Pro II 一体化音频工作台为例，介绍直播调音台的使用。（图 3-19）

【视频】
RØDECaster Pro II 在直播中的设置

▲ 图 3-19

数字音频接口

为了方便调音台与电脑连接，部分调音台加入了音频接口功能，这类调音台只需一根 USB 线就可以和电脑连接。带有数字接口的调音台可以看作将模拟调音台与音频接口两个设备合二为一。（图 3-20）

Loopback

Loopback 可以翻译为回授，带有这个功能的调音台和音频接口可以实现连麦直播，如果一台调音台没有 Loopback 功能，那么声音的方向是单一的。比如，从输入端连接麦克风和播放设备，经过调音台混合后送到音箱、监听耳机或电脑中，带有 Loopback 功能的调音台能够让用于录音的电脑在播放声音的同时将声音直播出去。也就是说，电脑播放的声音先进入调音台，再从调音台回到电脑中。当主播 A 使用带有 Loopback 功能的调音台或音频接口连接在电脑上直播时，若主播 A 和主播 B 连麦，则主播 B 不仅可以听到主播 A 的语音，还可以听到主播 A 电脑播放的音乐。

▲ 图 3-20

打击垫

如果主播想在直播中播放一段开场音乐、一段笑声音效或者一段提前录制好的广告，那么使用打击垫是最简单的方案。RØDECaster Pro II 一体化音频工作台本体带有 8 个打击垫，每个打击垫中都可以导入一段音频，在直播时只需点击打击垫就能播放音频，特别是在播放笑声、鼓掌和幽默音效时，比连接电脑播放更快捷。（图 3-21）

▲ 图 3-21

本体录音功能

传统的调音台只能在连接电脑或录音机后完成录制，而现在很多调音台内置录制功能，这类调音台通常会在本体上预留存储卡插槽，录音文件可以直接保存到存储卡中，这样做的优点是在没有电脑的情况下，直播后可以快速提取录音文件，这对二次加工网课和短视频的用户特别有帮助。（图 3-22）

多种输入方案

不同的直播类型需要的音频输入设备也不同，大多数直播的音频输入大致有外接麦克风、背景音乐、演示视频（含音频）和音效等。以 RØDECaster Pro II 一体化音频工作台为例，机身自带 4 个专业的 XLR 接口麦克风输入，可以满足 4 人直播录音需求。USB-C 接口在连接电脑后，可以从电脑中播放背景音乐和演示视频且声音均可进入调音台。USB-C 音频接口可以通过有线的方式连接手机，此时使用手机中的社交类 App（微信等）或电话都可以实现连线功能。RØDECaster Pro II 一体化音频工作台具有蓝牙连接功能，手机和平板电脑都可以通过蓝牙与其连接，无线播放的音频也能作为音频输入。

耳机分配器

现场演出类调音台的监听耳机输出接口数量很有限，用于多人直播并不合适，但用于播客录制和直播的调音台通常会配备多个监听耳机输出接口，用来满足多人直播的监听需求。由于多人直播时电脑播放的音频不能在直播间外放，因此主播与直播嘉宾需要佩戴监听耳机才能听清背景音乐和演示视频中的声音，这个功能在多人网课直播和知识分享类直播中十分有用。（图 3-23）

▲ 图 3-22 　　　　　　　　　　　　　　　　▲ 图 3-23

3.2.3　调音台人声优化

压缩器

压缩器是音频处理中常用的效果器，直播时推荐在麦克风通道中使用，作用是在人声大音量时不过曝，小音量时很饱满。在 RØDECaster Pro II 一体化音频工作台本体触摸屏上可以对压缩器进行设置，5 个调整的参数分别为阈值、比率、Attack、释音和增益。在电脑上安装 RØDE Central 这款 App 时，可以在压缩器选项中看到实时的压缩效果。（图 3-24）

激励器

当人声的高音不足时，声音会显得黯淡、缺乏穿透力；当人声的低音不足时，声音会显得不够饱满圆润。RØDECaster Pro II 一体化音频工作台内置了专门用于高音调节的效果器 AURAL EXCITER 和低音激励的效果器 BIG BOTTOM，这两个效果器可以分别对人声的高、低频润色。（图3-25）

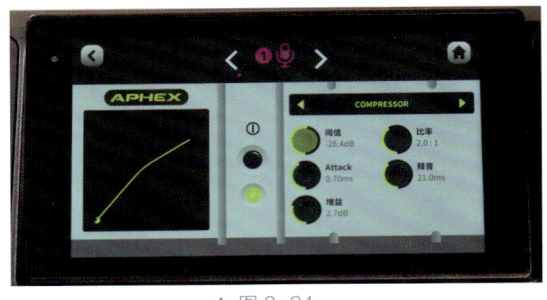

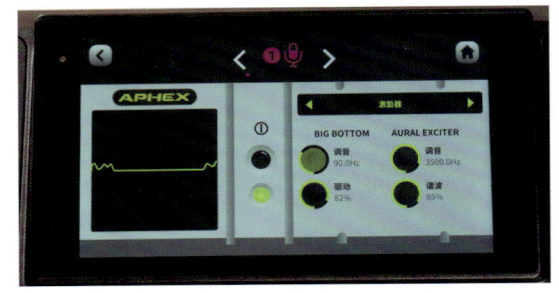

▲ 图 3-24

▲ 图 3-25

齿音消除

在用麦克风近距离录音时，当语音中出现"zi""ci""si"等发音时，口腔中强烈的气流和突发的高音会让人听上去很不舒服，利用调音台中的齿音消除器可以降低音频中齿音的影响。（图3-26）

噪声门

直播间中的空调、电脑机箱风扇、灯光风扇等设备会发出固定频率的噪声，噪声门可以在有人声时对噪声进行阻拦。需要注意的是，噪声门和实时降噪并不是等同的概念。（图3-27）

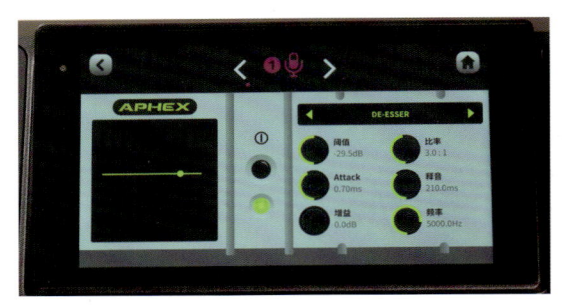

▲ 图 3-26

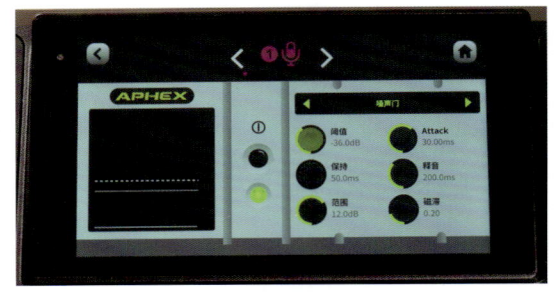

▲ 图 3-27

高通滤波器

在高通滤波器中可以设置一个频率，高于这个频率的声音不受影响，低于这个频率的声音将被衰减。高通滤波器可以有效地过滤掉一些特定频率的低音。当男主播使用高通滤波器时，尽量不要超过150Hz。（图3-28）

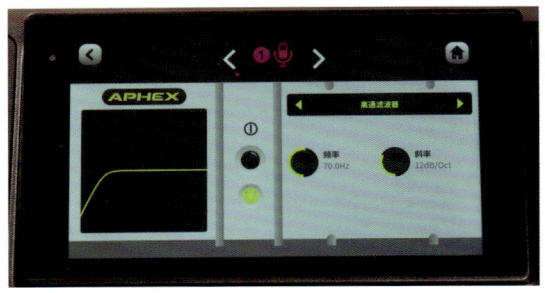

▲ 图 3-28

3.3 软件人声优化

除了调音台等音频设备内置的效果器,还可以在电脑中启动加载音效的软件或插件,用来进一步修饰人声,这些软件或插件可以在 OBS 推流直播时加载使用。以 IK Multimedia 公司研发的 MixBox 虚拟机架插件为例,这款插件既可以独立运行,又可以和宿主软件搭配使用。这款插件能对电吉他、贝斯、键盘、鼓等乐器进行调音,对人声的调整也极为强大,插件中内置了 70 款经典效果器,涵盖动态、均衡器、滤波器、调制、通道条、饱和度、混响、延迟、失真和放大,单个实例最多能够链接 8 个处理器,使其能胜任专业录音的后期调音工作。为了让新手快速上手使用,MixBox 中内置了大量预设,还在演唱类直播中内置了几十种人声效果,主播可以根据演唱风格快速设置。(图 3-29)

▲ 图 3-29

3.4 人声效果器

演唱类主播如果希望通过最直观的方式改变音色，像舞台歌手或街头歌手一样在麦克风前展现独特的演唱魅力，那么硬件类的人声效果器是最简单的方案。以 BOSS VE-5 人声效果器为例，先将麦克风插在 BOSS VE-5 人声效果器的输入端，再用另一根音频线将 BOSS VE-5 的输出连接至调音台或声卡的输入端，最后把监听耳机插到 BOSS VE-5 中就可以实时听到调音后的效果。这款人声效果器的操作非常简单，正面面板"EFFECT"按钮的作用是控制音效开启和关闭，"SOUND"旋钮可以在内置的 30 个声音预设中进行切换，"SOUND"旋钮旁边的两个按钮用于调节各项参数，如延迟、混响等，"HARMONY"按钮可以为演唱应用和声效果，"LOOP"按钮可以为演唱录制不同旋律的旋律伴唱，这样就能轻松实现单人主播的主音与和声表演。虽然 BOSS VE-5 人声效果器能够实现众多的音色调节，但是为了优化使用体验，主播可以将最常用的音色保存在"A""B""C"这 3 个按钮中，以便在演唱时实现一键切换。（图 3-30）

【视频】BOSS VE-5 使用方法

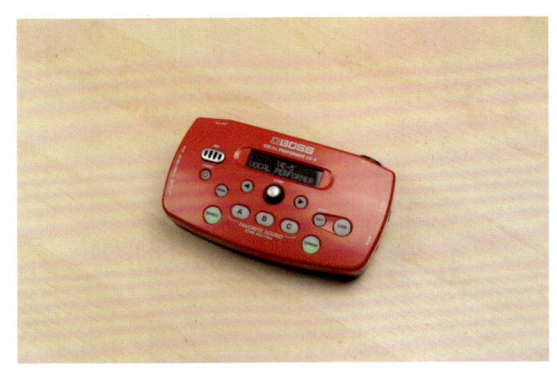

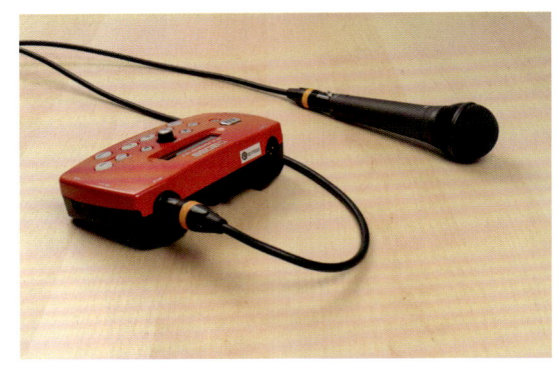

▲ 图 3-30

3.5 音频接口（声卡）应用

音频接口是音频设备和电脑或便携智能设备（手机与平板电脑）的桥梁，在使用电脑或便携智能设备直播时，专业麦克风和播放器等设备无法直接与其连接，必须通过音频接口连接，音频接口也被称为声卡（下文用"声卡"代替"音频接口"）。根据连接的设备可以分为电脑声卡和手机声卡，不同输入接口数量和输出接口数量的声卡能满足的场景也不同，我们通常说某款声卡是二进二出，意思就是这款声卡具备两个输入接口和两个输出接口。录音规格是声卡的重要指标，目前主流的声卡都能达到 24bit 192kHz 的录音精度，大多数的直播只需要 16bit 44.1kHz 的录音精度。除此之外，有无 Loopback 功能、声卡内置话筒放大器推力、数模转化信噪比、监听延时、耳机推力等参数也是一款声卡的性能体现。下面介绍几款适合直播使用的声卡。

M-AUDIO AIR 192 | 4

M-AUDIO AIR 192 | 4 是一款二进二出的声卡，适合 1 位主播使用，也适合个人在家中录制有声书或吉他弹唱，第 2 路输入可以连接吉他等乐器。这款声卡具有较高的信噪比，Crystal 话放模块可以带来干净且细腻通透的人声表现，能够实现高品质的语音直播。（图 3-31）

【视频】M-AUDIO AIR 192 | 4 使用方法

▲ 图 3-31

TASCAM US-4X4HR

TASCAM US-4X4HR 是一款四进四出的声卡，适合 4 位主播使用，也适合小型乐队录制使用。这款声卡的前面板输入接口可以同时连接两个乐器，后面板也支持连接 MIDI 设备使用。UItra-HDDA 麦克风前置放大器实现了清新自然的人声表现，Loopback 功能可以确保在直播中能够进行连线操作，USB-C 接口可以通过转接的方式作为手机直播声卡使用。（图 3-32）

【视频】TASCAM US-4X4HR 使用方法

IK Multimedia iRig Stream Solo/iRig Stream/iRig Stream Pro

虽然一些电脑声卡可以通过转接的方式作为手机声卡使用，但因为电脑声卡的体积较大，并且需要额外供电，所以并不适合在外出直播时作为手机直播声卡使用。很多音乐人和爱乐人士需要随时用手机直播，并且需要把专业的乐器和麦克风连接到手机上，因此专业的手机直播声卡更适合这样的直播场景。

▲ 图 3-32

IK Multimedia 公司推出了一系列专为音乐人手机直播时使用的声卡：iRig Stream Solo、iRig Stream、iRig Stream Pro。这 3 款手机直播声卡都是非常小巧的掌上设备，支持 iPhone、iPad 和安卓设备，并且拥有专业级音质。这 3 款手机直播声卡都拥有一对 RCA 立体声输入接口，可以连接调音台输出，也可以连接 DJ 打碟机或键盘等乐器，这样就能在手机直播时演奏各种乐器了。这 3 款手机直播声卡也都具备 Loopback 功能，可以满足直播连线需求，也可以在手机播放背景音乐的同时用这部手机直播。（图 3-33）

这 3 款手机直播声卡的功能和使用场景有些区别。iRig Stream Solo 是一款三进三出模拟音频连接方式的直播声卡，拥有 3 款直播声卡中最好的通用性，除了可以通过一对 RCA 立体声输入接口连接调音台或 DJ 打碟机，还可以通过 3.5mm TRRS 带有麦克风功能的耳机实现主播的语音输入和监听功能。如果有高品质的语音输入需求，那么可以选择外接调音台实现，也可以通过转接头使用高品质的 3.5mm 接口的麦克风实现。iRig Stream Solo 独有的"THRU 输出"可以连接相机，从而为直播录制高音质的视频。iRig Stream Solo 是一款侧重于乐器演奏类直播使用的模拟音频手机直播声卡。（图 3-34）

【视频】iRig Stream 系列直播声卡介绍

▲ 图 3-33 　　　　　　　　　　　　▲ 图 3-34

第 3 章　提升直播音质

　　iRig Stream 是一款三进二出数字音频连接方式的直播声卡，涵盖了 iRig Stream Solo 的绝大多数功能，并且拥有立体声和单声道切换功能，监听耳麦的麦克风和监听耳机音量可以分别控制，同时机身带有输入音量指示灯，可由手机直接供电。（图 3-35）

【视频】iRig Stream 使用方法

　　iRig Stream Pro 是一款四进二出数字音频连接方式的直播声卡，是这 3 款声卡中功能最强大的，除了拥有上述两款声卡的功能，还拥有一个用于连接高品质麦克风或吉他等乐器的 XLR 接口，并且支持带有 48V 幻象电源的电容麦克风，同时带有一个静音按钮。iRig Stream Pro 的强大之处是其能够以立体声和多声道两种方式直播，这已经超越了手机声卡的常用功能，它使专业音乐演奏的手机直播变为可能。（图 3-36）

▲ 图 3-35　　　　　　　　　　　▲ 图 3-36

RØDE AI-Micro

　　RØDE AI-Micro 是一款体积非常小巧的数字音频接口，可以连接拥有闪电接口、USB-C 接口和 USB-A 接口的设备，也可以为电脑、手机和平板电脑提供 24bit 48kHz 的录音精度。RØDE AI-Micro 数字音频接口可以同时接入两个 3.5mm TRS 或 TRRS 规格的麦克风，并提供 3.5mm 监听耳机插孔。这款小巧的数字音频接口为手机和电脑连接麦克风提供了巨大的便利。（图 3-37）

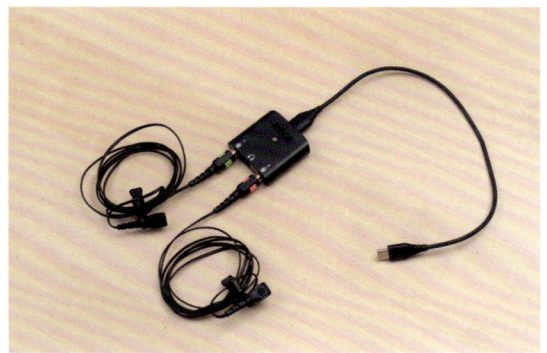

▲ 图 3-37

3.6 录音机应用

TASCAM Portacapture X8

目前很多的多轨录音机都内置了音频接口功能，在连接电脑和手机时也能作为直播声卡使用。以 TASCAM Portacapture X8 录音机为例，这款录音机可以看作是一款六进二出的声卡，最多能够同时连接 6 个音频输入，这对多人户外直播很有帮助。TASCAM Portacapture X8 录音机是一款以触摸屏为交互方式的设备，内置 ASMR、人声、音乐、室外、播客共 5 种快捷录制方式，除了室外模式，其他 4 种都很适合直播。当主播人数较多或者直播方案较复杂时，可以使用录音机的手动模式，此时能够将 6 路麦克风输入、EXT IN 输入和 USB 输入中的任意 6 项作为输入源进行直播。（图 3-38）

▲ 图 3-38

3.7 单人直播音频方案

3.7.1 麦克风连接手机单人直播

手机直播时，使用外接麦克风能显著提升录音品质。单人直播时，模拟音频接口连接比数字音频接口连接的通用性更好，其原因是并非所有的直播 App 都会调用手机数字音频接口。

3.5mm TRS 麦克风连接手机

目前在售的大多数手机已经取消耳机插孔，取而代之的是以 iPhone 阵营为主的闪电接口和以安卓及部分 iPad 阵营为主的 USB-C 接口。在这种情况下，为手机外接 3.5mm 接头的麦克风需要用到转接头，其含义就是将 3.5mm TRS 规格的麦克风插头连接至闪电接口或 USB-C 接口。有一点需要注意，无论是闪电转 3.5 mm 耳机插孔转接头，还是 USB-C 转 3.5 mm 耳机插孔转接头，都是将数据接口转换为 3.5mm TRRS 规格，要连接 3.5mm TRS 规格的麦克风还需要一根 3.5mm TRRS 转 TRS 的连接线或转接头。下面介绍一些连接案例。（图 3-39）

▲ 图 3-39

3.5mm TRS 接头麦克风连接手机（RØDE ViedoMic GO II、RØDE Wireless GO II）

使用一根编号为 SC7 的 3.5mm TRRS 转 TRS 的转接头替换麦克风的音频线，用 3.5mm TRS 接头（黑色）连接麦克风，3.5mm TRRS 接头（灰色）连接闪电转 3.5mm 耳机插孔转换器。（图 3-40）

▲ 图 3-40

XLR 麦克风连接手机（RØDE NT1、RØDE PodMic）

在使用 XLR 麦克风连接手机时，需要先将麦克风连接到 IK Multimedia iRig PRE 2 便携式麦克风前置放大器上（IK Multimedia iRig PRE 2 的输出端为 3.5mm TRRS 规格），再连接闪电转 3.5 mm 耳机插孔转换器，最后连接手机即可。这款便携式麦克风前置放大器上有 48V 幻象电源开关，能够连接动圈麦克风和大振膜电容麦克风。（图 3-41）

▲ 图 3-41

3.7.2 麦克风连接相机单人直播

3.5mm TRS 接头麦克风连接相机（RØDE Lavalier II、RØDE ViedoMic GO II、RØDE Wireless GO II）

绝大多数数码相机和数码摄像机都拥有 3.5mm TRS 规格音频接口，使用麦克风自带的 3.5mm TRS 规格插头连接即可。（图 3-42）

▲ 图 3-42

XLR 麦克风连接相机（RØDE NTG5、RØDE NT1、RØDE PodMic）

部分数码摄像机和电影摄像机配备了 XLR 音频接口，可以直接连接 XLR 接口的麦克风。部分数码相机和数码摄像机机身仅有 3.5mm TRS 规格音频接口，需要使用类似 IK Multimedia iRig PRE 2 便携式麦克风前置放大器这样的设备转接。（图 3-43）

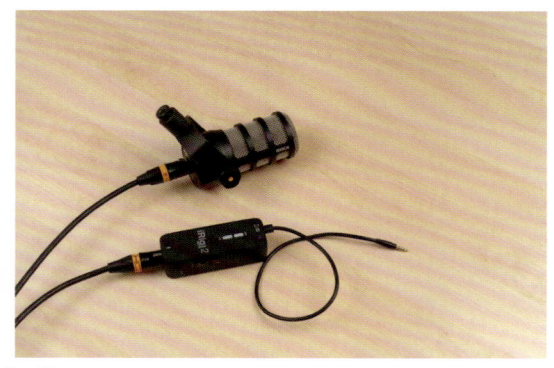

▲ 图 3-43

3.7.3 麦克风连接电脑单人直播

3.5mm TRS 接头麦克风连接电脑

电脑的 3.5mm 麦克风插头有很多种类，有的是两个接口，分别用于连接耳机和麦克风，连接这种电脑时非常简单，只需将麦克风的 3.5mm TRS 接头插入麦克风接口即可。有些电脑的 3.5mm 音频接口可以连接带有麦克风功能的耳机，这时就需要借助一分二转接头，先将这个接口分为独立的麦克风接口和耳机接口，再将麦克风的 3.5mm TRS 接头插入麦克风接口即可。（图 3-44）

▲ 图 3-44

数字音频接口麦克风连接电脑

有些麦克风是数字音频接口，如 RØDE NT-USB Mini，在连接时只需用一根 USB 线即可。有些麦克风同时具备模拟音频接口和数字音频接口，如 RØDE Wireless GO II、RØDE ViedoMic GO II、RØDE VideoMic NTG，在使用时需要先将这些麦克风通过 USB 线直接连接至电脑，然后在电脑中将声音输入设置为这些麦克风。（图 3-45）

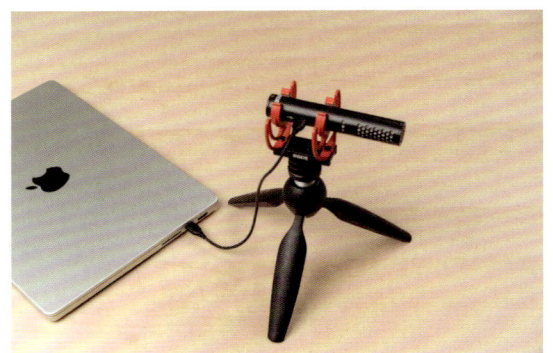

▲ 图 3-45

XLR 麦克风连接电脑

若想将一支 XLR 麦克风连接至电脑，则可以通过电脑声卡或带有电脑音频接口功能的录音机实现，如 M-AUDIO AIR 192 | 4、IK Multimedia iRig Stream Pro、TASCAM DR-40X 等。（图 3-46）

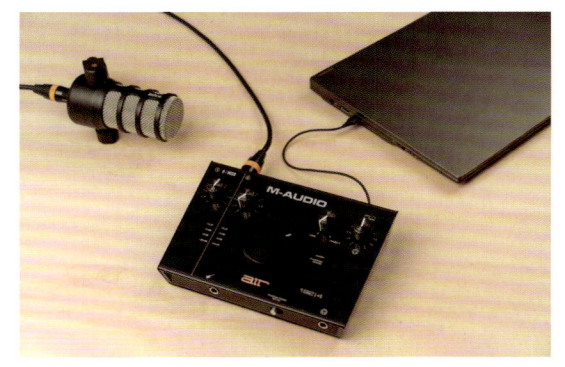

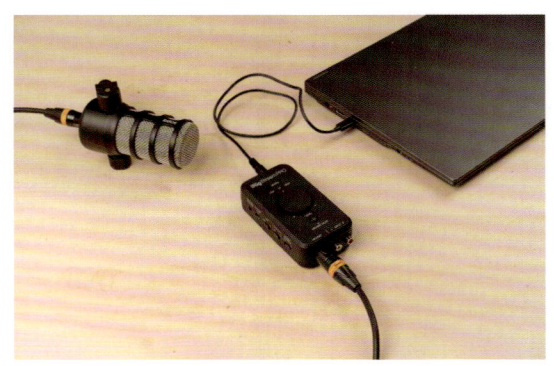

▲ 图 3-46

3.8 多人直播音频方案

3.8.1 麦克风连接手机双人直播

两支麦克风同时连接手机进行直播有多种方案，其中有两种方案可行性较高：第一种是将 RØDE Wireless GO II 一拖二无线麦克风连接到手机上，两位主播分别使用一支发射器录音，从而实现两支麦克风同时使用，如果希望提升音质，也可以在 RØDE Wireless GO II 发射器上连接 RØDE Lavalier II 领夹麦克风；第二种是使用小型数字音频接口

RØDE AI-Micro，这款音频接口可以同时将两支 3.5mm 规格的麦克风连接至闪电接口或 USB-C 接口的手机，无论这两支麦克风是 TRS 规格还是 TRRS 规格都可以使用。（图 3-47）

▲ 图 3-47

3.8.2　麦克风连接相机多人直播

除了少数专业级数码摄像机和电影摄像机配备了多个音频接口，绝大多数数码相机都只有一个 3.5mm 音频接口，如果必须把多支麦克风都连接到相机上，那么必须借助外部设备，如多路录音机或调音台。先将多支麦克风与多路录音机或调音台连接，再将音频输出接口连接至相机的音频输入接口，但这不是一个理想的方案，因为这样的连接方式无法保证音质，也无法保证不受外部电磁辐射的干扰。如果非要实现相机拍摄的多人直播，那么更推荐将画面和声音信号分别送入导播台或电脑。（图 3-48）

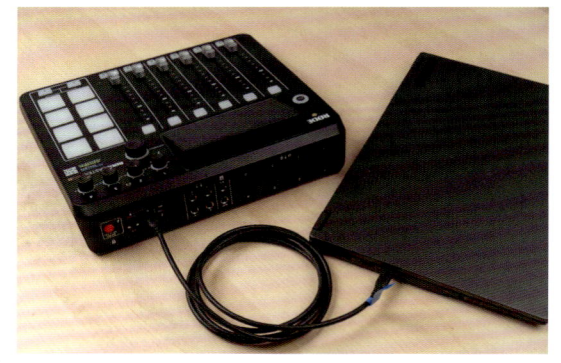

▲ 图 3-48

3.8.3　麦克风连接电脑多人直播

多支带有数字音频接口的麦克风在连接电脑时非常方便，只需先将其都插在电脑的 USB 接口上，再使用类似 RØDE Connect 这样的虚拟调音台 App 就能统一管理这些麦克风。如果电脑的 USB 接口并不丰富，那么使用两个 RØDE AI-Micro 数字音频接口，并借助 RØDE Connect 也能实现同时接入 4 支 3.5mm 音频接口的麦克风。（图 3-49）

多支 XLR 接口的麦克风连接电脑最佳的方案就是使用电脑声卡，这个方案可以使每一路声音的调整更加方便快捷，也可以使直播音质更有保证。同样，使用带有数字音频接口的多路录音机也能实现此功能。（图 3-50）

▲ 图 3-49

▲ 图 3-50

3.8.4 麦克风连接调音台多人直播

调音台是多人直播最佳的音频控制设备。以 RØDECaster Pro II 一体化音频工作台为例，它可以满足 4 人同时直播，每一路麦克风还可以单独设置是否开启 48V 幻象电源，主播和嘉宾的音色也可以分别设置，并且能通过手机连线的方式把不在现场的嘉宾的声音接入调音台。为播客录制和直播而研发的、融合了调音台功能的一体化音频工作台，更适合在小型直播中作为专业的声音处理设备使用。（图 3-51）

▲ 图 3-51

第 4 章 推流直播与拉流直播

4.1 推流技术与拉流技术

对主播来说，在手机 App 内发起直播很简单，大量的设置和运算其实都在 App 内部或后台服务器中运行，通常这样的直播仅能在该 App 内看到，但很多专业的直播需要在众多平台分发，或者需要在开启的一段直播中使用其他平台的直播画面，这就需要用到推流技术和拉流技术。

4.1.1 推流技术

推流与拉流是专业直播中的技术环节，本书仅进行讲解，具体的原理并不做深入探讨。直播流程涉及采集、处理、编码、推流、分发、解码、播放等环节，其中很多环节是在机器内或服务器上进行的，个人或团队直播能够直接参与的环节并不多。推流是指在前期画面和声音采集完成后，将其封装好并传输到服务器的过程。换句话说，就是把直播的画面和声音发送到云端服务器的过程。主流的直播平台会使用一些推流协议，包括 RTMP、HLS 和 WebRTC 等。

4.1.2 拉流技术

如果想在自己的直播平台上同步播放其他平台的直播画面，就需要用到拉流技术。当一段直播进行时，服务器上可以生成拉流 URL，其他用户能够通过拉流 URL 看到直播，或者通过拉流服务协议进行拉流直播。

4.2 OBS 软件直播推流方案

OBS 软件极大地简化了直播流程，将视频采集模块与音频管理模块连接至电脑，OBS 软件内部就可以对直播的各项参数进行设置，并创建直播需要的场景，安排各项视频输入源和音频输入源，单击"开始推流"按钮就能开启一场直播。

4.3 OBS 软件设置

4.3.1 OBS 软件介绍

OBS（Open Broadcaster Software）是一款免费开源的、跨平台的录屏和直播应用程序，目前可在 Windows、macOS 和 Linux 三大系统上运行。（图 4-1）

▲图 4-1

4.3.2 OBS 软件设置

在初次使用 OBS 软件时，需要先对软件进行设置，单击"设置"按钮，在弹出的对话框左侧中有"通用""推流""输出""音频""视频""热键""高级"7 个选项。

"通用"选项负责 OBS 软件主要功能和界面的设置，建议勾选"通用"模块中的"启动时自动检查更新"复选框，这可以保证 OBS 软件始终是最新版本，通常更新一个版本就会修复老版本的 bug，也有可能会加入一些新的功能；建议勾选"输出"模块中的"停止录制时显示确认对话框"和"推流时自动录像"复选框；建议勾选"工作室模式"模块中的"显示 预览/输出 标签"复选框。（图4-2）

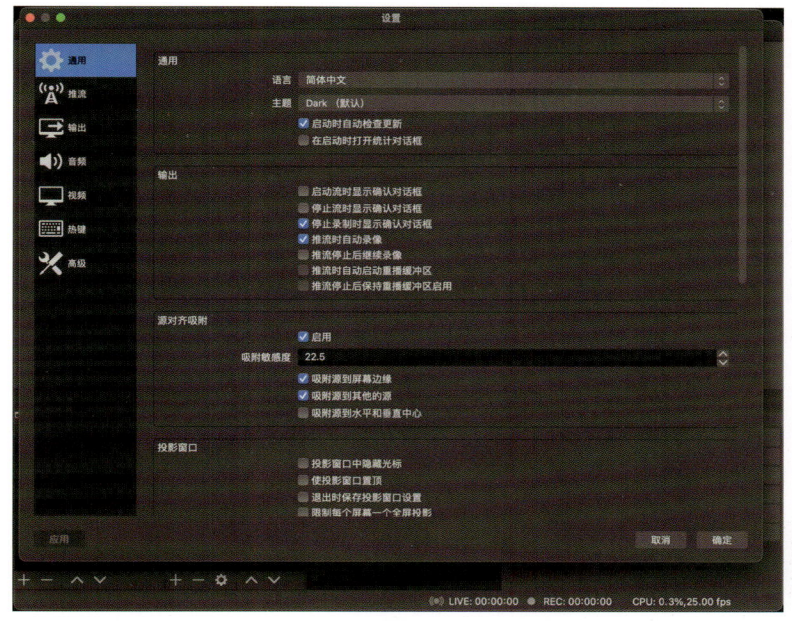

▲ 图 4-2

在"推流"选项中可以输入"服务器"和"串流密钥"，从而将直播推流至直播平台。（图4-3）

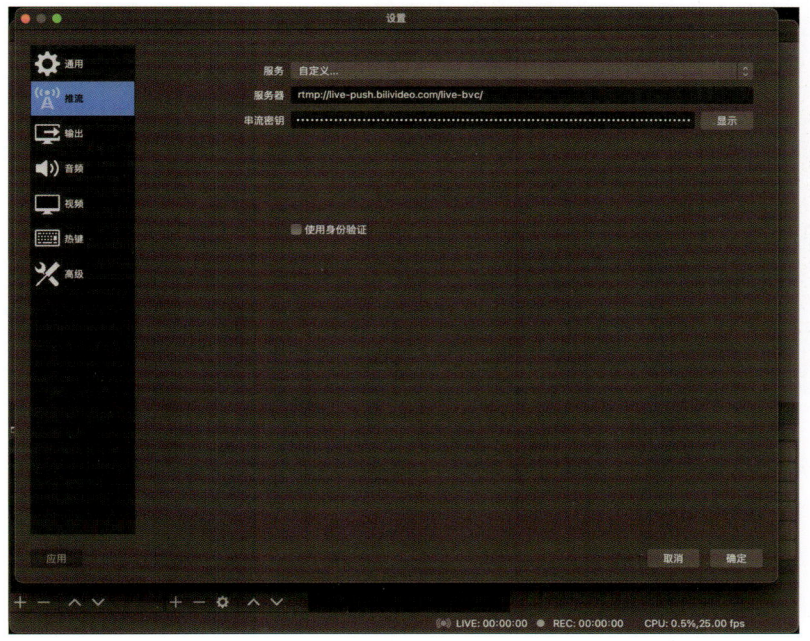

▲ 图 4-3

"输出"是负责 OBS 软件设定直播串流音/视频品质和直播录像品质的相关选项，通常在"输出模式"中选择"简单"即可。

在"串流"模块中可以根据直播间的网络环境设置"视频比特率"，一般建议设置在 3000～6000kbps 范围内，"视频比特率"数值越高表示直播画质越好；"音频比特率"在不勾选"启用高级编码器设置"复选框时，建议设置为 128、192 或 320，"音频比特率"数值越高表示直播音质越好。在设置完这些数值后，可以根据网络环境进行调试，直播中难免会出现网络速率不稳的情况，设置过高的比特率可能会导致频繁的直播卡顿。

在"录像"模块中可以设置每次直播录像后的文件保存地址，"录像质量"要根据直播电脑的性能决定，选择"与串流画质相同"选项时，电脑的运算压力较小，如果直播录屏有二次剪辑和创作的需求，那么可以选择"近似无损的质量，大文件大小"选项；"录像格式"建议选择"mkv"格式，这种封装格式的安全级别更高，如果 OBS 软件在直播中发生闪退，那么直播录像的保存概率也更大一些。如果选择 MP4 或 MOV 格式封装，那么在遇到 OBS 软件闪退时，很有可能无法得到直播录像。（图 4-4）

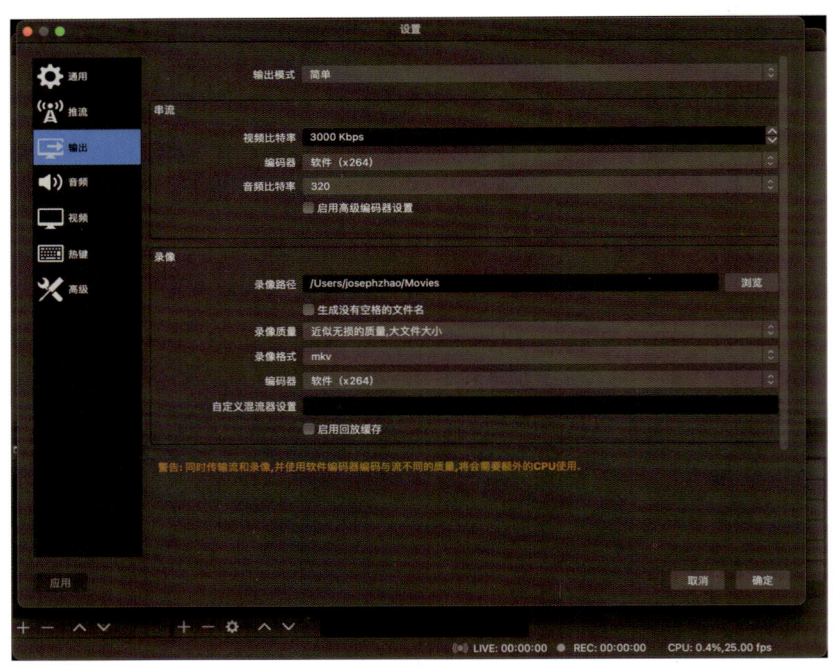

▲ 图 4-4

在"音频"选项中可以设置直播的各种音频输入源，建议在"通用"模块中将直播音频规格设置为"48kHz 立体声"。在大多数直播中，我会使用声卡或调音台作为音频接口，并在电脑的声音设置中将其设置好，所以在"全局音频设备"模块中可以将"麦克风/辅助音频"设置为"默认"，此时 OBS 软件直播时调用的就是电脑默认的音频接口，其余选项均可设置为"已禁用"。在"高级"模块中将"监听设备"设置为"默认"。（图 4-5）

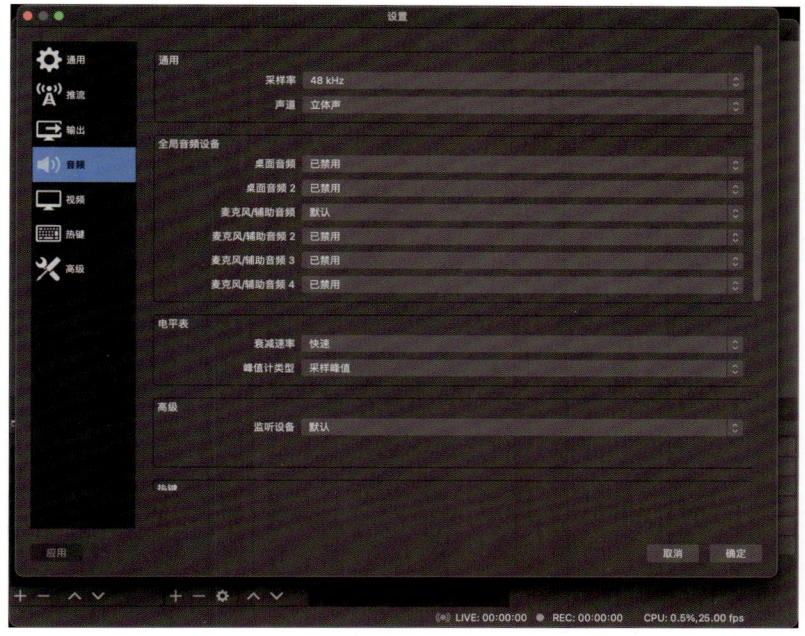

▲ 图 4-5

"视频"是负责设置直播画面分辨率和画质的相关选项。对清晰度要求较高的直播建议将"基础（画布）分辨率"和"输出（缩放）分辨率"都设置为"1920×1080"；对清晰度要求不算很高的直播可以将"输出（缩放）分辨率"设置为"1280×720"。建议将"缩小方法"设置为"Lanczos（锐化缩放，36个样本）"，"常用 FPS 值（帧率）"设置为"25 PAL"或"30PAL"。（图 4-6）

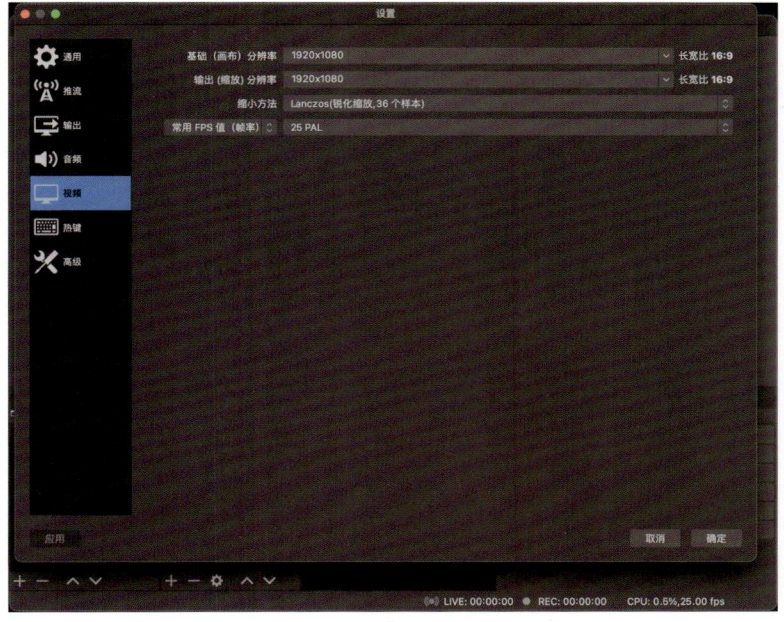

▲ 图 4-6

在"热键"选项中可以根据个人使用习惯设置各种功能的热键。（图4-7）

▲ 图4-7

"高级"选项中包括很多其他设置，建议大多数主播将"视频"模块中的"颜色格式"设置为"NV12"，"色彩空间"设置为"601"，"色彩范围"设置为"Limited（推荐）"。对直播画面色彩要求较高的主播可以将"色彩空间"设置为"709"，"色彩范围"设置为"Full"。（图4-8）

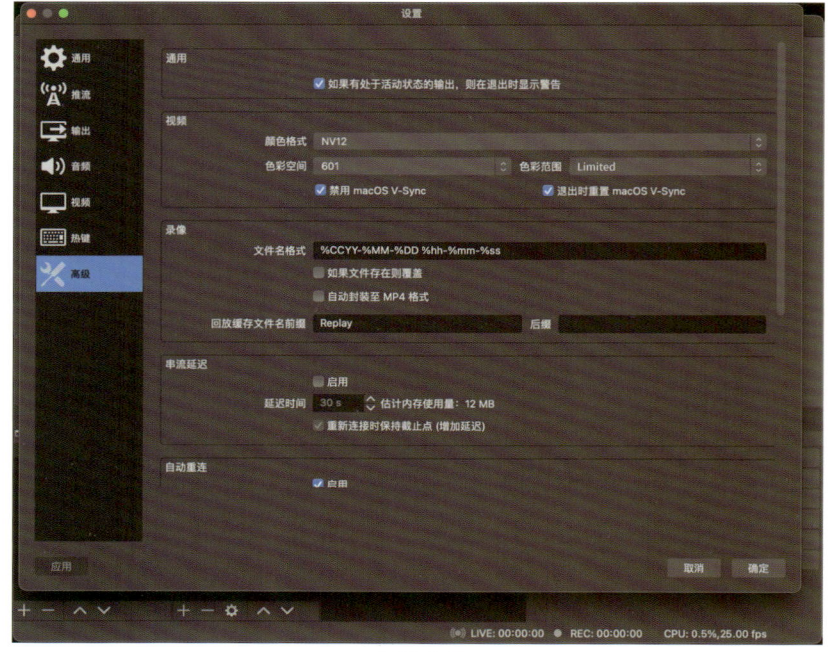

▲ 图4-8

我们可以在 OBS 软件中的"场景"模块中创建诸多直播场景，单击"+"按钮可以创建新的场景，并为这个新场景命名，单击"—"按钮可以删除某个场景。（图4-9）

在"来源"模块中可以添加不同场景中的视频和音频来源，单击"+"按钮可以创建新的来源，这些源的位置可以随意拖动，以便更改上下层的关系，也可以选择使其可见或不可见。双击某个音/视频来源就能对其进行设置。（图4-10）

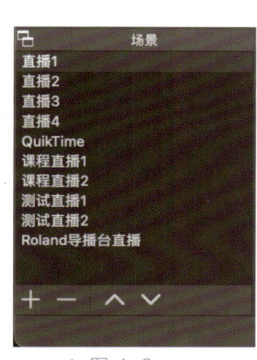

▲ 图 4-9

▲ 图 4-10

"混音器"是 OBS 软件中的实时音频管理界面，在这个界面中可以调整音频的音量，也可以实时预览每一个音频源的音量电平，在每一个音频设备的选项中还可以进一步设置左、右声道的平衡及不同音轨的监听选择。当直播画面和声音来自不同的设备时，有可能会导致音画不同步，此时就可以在这个界面中调整"同步偏移"的数值。OBS 软件在音频应用中还有一点非常强大，就是可以给声音加效果器，先单击某个音频源后面的小齿轮图标，选择"滤镜"选项，再单击左下方的"+"按钮就可以为这轨音频添加基础的压缩器、反转极性、噪声抑制、限幅等应用了，如果电脑中安装了音频插件，那么也可以通过单击"VST 2.x 插件"按钮来添加。我最常使用的是 IK Multimedia 公司的 MixBox 和 T-RackS 5，MixBox 包含海量效果器组合预设，能够快速调用独具特色的专业效果器；T-RackS 5 包含一整套混音与母带后期制作插件，能够使直播音频达到专业级水准。（图4-11）

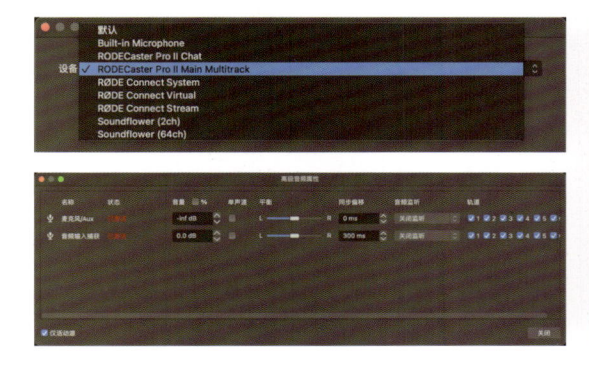

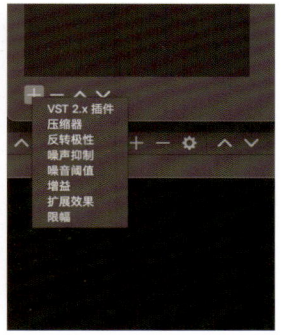

▲ 图 4-11

在"转场特效"模块中可以设置转场种类和转场时长。(图 4-12)

"控件"模块中包含开始推流、开始录制等控制开关,在设置了"推流时自动录像"后,单击"开始推流"按钮的同时"开始录制"按钮会被自动激发,这样就避免了忘记录制直播的情况。单击"工作室模式"按钮可以同时看到直播的预览画面和输出画面。(图 4-13)

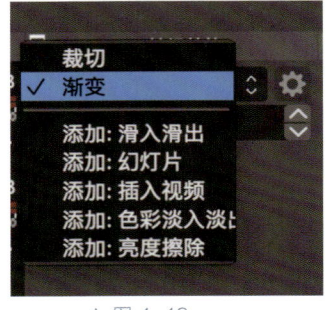

▲ 图 4-12 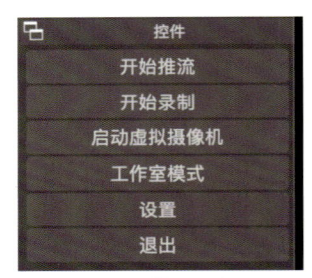　　　　　　▲ 图 4-13

在 OBS 软件的最下方显示了直播状态与直播时长、录制状态与录制时长、CPU 占用情况、帧率和实时码率等信息。(图 4-14)

▲ 图 4-14

OBS 软件用户众多,除了其功能强大,还有另一个原因就是 OBS 拥有大量的插件,有些插件能提升画面表现力,有些插件能为画面添加各种挂件,如歌词、弹幕显示等。

4.4 硬件直播推流设备

OBS 软件推流方案通常以电脑为核心，这是因为推流设置和设备都需要连接电脑，画面采集效果、声音采集效果、视频转码效率、网速、监看等环节都需要电脑执行，但设置和连接相对烦琐，整套系统也比较庞大，所以很多直播应用的硬件应运而生，在功能方面基本替代电脑，成为直播的主体设备。

4.4.1 直播盒子功能介绍

直播盒子是具有运算能力和信息交互能力的直播应用设备，其主要功能是连接各种视频输入源和音频输入源，是一台具备多种网络连接方式和数据接口，并拥有流媒体转码和推流功能的设备。直播盒子的硬件和网络服务器联合可以实现开启直播、设置专业直播间互动方式、管理直播变现方案、直播引流等功能。

以云犀 BOX 4.0 直播盒子为例，其整机形态很像一台较厚的便携式平板电脑，8 寸的触摸屏是其主要的交互方式，直播所需的数据运算通过一颗处理器在安卓系统下运行完成。机身整合了 3 个 HDMI 视频输入接口，可同时输入 3 路 HDMI 视频，分辨率最高支持 1920×1080，它还拥有一个 USB-A 视频输入接口和一个 USB-C 视频输入接口，USB 接口可以直接连接 USB 摄像头，也可以通过视频采集卡接入另一路 HDMI 视频输入。SD 卡插槽内插的存储卡可以记录直播录像，也可以导入素材视频和 PDF 演示文档，如果需要的话，直播盒子也可以实现拉流直播。同时，它拥有一个 3.5mm TRS 麦克风输入接口和一个 3.5mm TRS 音频输入接口，这两个接口可以连接麦克风和外部音频设备，并且可以随 HDMI 接口输入的音频在直播盒子内部的虚拟调音台调整。机身自带的一个 HDMI 视频环出接口可以连接显示器或监视器，用于提供给现场的工作人员，当有导播一起参与直播时，这个 HDMI 输出接口外接的显示器也可以给主播当作监视器使用。虽然它只有一个耳机监听接口，但它拥有一个百兆以太网接口、4G NANO SIM 卡槽和 Wi-Fi 联网性能，这 3 种联网方案让直播有了多重网络选择，使用上网卡或手机卡甚至可以在没有网线和 Wi-Fi 的户外开启直播。机身不仅可以使用 USB-C 供电接口方案，还可以在不方便连线的情况下使用内置锂电池供电方案。（图 4-15）

【视频】云犀 BOX 4.0 介绍

▲ 图 4-15

不同于兴趣爱好或日常的直播形式，很多专业的直播力求做到广泛传播、盈利和引流，这就需要强大的主播 IP 和切实应用的直播工具，这两方面都可以通过更高阶的直播服务实现。专业的直播服务包括切实有效的直播推广工具、强大的多平台分发功能、适合营销的店铺管理系统、直观的直播用户管理、智能的直播数据汇总和简单好用的录播云剪辑回放系统等。下面介绍几个常用的直播工具。

推广工具

搭建专业的直播间和制定详尽的直播流程是进行一场专业直播的前提，但并不是全部。直播效果和很多因素有关。比如，直播的宣发，也就是如何让更多人知道这场直播，除了做直播海报、在主流社交平台宣发，还有很多方法，如短信群发。

裂变工具

让每一位直播观众都成为直播间的推广者，这个想法很美好，但是如何达成这一美好愿景呢？这就需要借助专业的直播工具，如裂变工具。在裂变工具中可以创建一种奖励规则。比如，针对某场直播，邀请一位观众可以获得怎样的奖励，这个奖励的投放地区也可以精准设置。

打造粉丝团

每场直播都会有很多观众，但在这些观众中，有一些只是随机浏览的用户，他们可能看不到下一次直播的推广信息，此时可以创建粉丝团，使其享受某些福利，从而进一步增强粉丝黏性。随着直播活动的不断进行，账号就可以汇聚大量的粉丝，也能实现更有转化力的直播。

问卷调查

在直播的页面中可以设置问卷调查，这种做法可以及时地收集观众的信息和对直播的想法。比如，观众对直播内容的需求、希望直播中增设的内容、对直播的意见和建议等。主播可以在直播结束后看到这份问卷调查的汇总表格，这可以帮助主播及时调整直播内容和形式，创作更符合消费者需求的直播。

抽奖工具

抽奖工具能够在直播中投放奖品，从而提升直播观众的活跃度。专业的抽奖工具能够极大地节省主播在抽奖环节中花费的时间和精力，主播可以在直播前设置抽奖规则、抽奖时刻和奖品信息，并在直播过程中自动抽取获奖观众，为获奖观众自动发送信息，同时汇总获奖者的奖品派发地址等信息，这进一步节约了主播和直播团队大量的时间与精力。

直播回放

并不是所有平台都支持直播回放功能，专业的直播服务不仅包括直播回放，还包括为观看直播回放设置门槛条件，这对知识付费类直播很有帮助，也可以帮助没有时间观看直播的用户。

直播快剪

直播过程中有很多随机的环节和内容，有些是为了活跃直播间气氛，有些则是互动信息，在这些内容中，有些并不适合在回放中展示，这时就可以利用直播快剪功能。在直播结束后，主播可以在云端剪辑原始回放视频，剪掉不适合回放的内容，展示更完美的直播回放视频。

上述直播工具能够帮助主播和直播团队积累粉丝资源、汇总粉丝建议、增强粉丝黏性与活力、设置变现方案、打造直播回放媒体库。这些功能需要租用服务器和技术支持才能实现，所以需要一定的直播成本，适合有回报能力的带货主播、知识付费类主播及直播团队使用。

4.4.2 设置直播盒子

开启直播的过程很简单，首先在直播间架设摄像机机位，安排麦克风录音方案，然后将摄像机和麦克风分别连接到云犀 BOX 4.0 直播盒子上。在直播盒子的"云犀直播间"中点击"+"图标创建一个直播，并选择"云犀直播"选项，在输入直播名称、直播日期和直播时间后点击"创建"按钮即可开启一场直播。在平台中选择"云犀"→"预览"后就能用微信扫描二维码观看直播，并在直播中留言互动了，转发这个直播间就能让更多人看到

直播。（图 4-16）

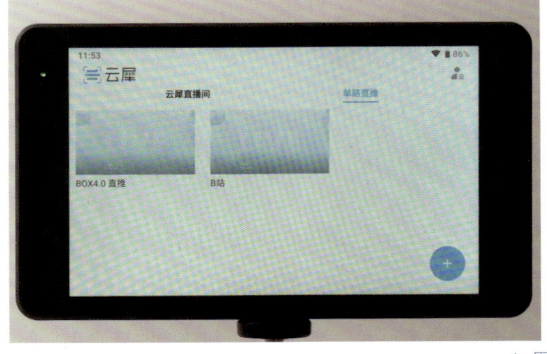

▲ 图 4-16

如果需要在其他平台直播，那么首先要在该平台创建一个直播，然后在云犀 BOX 4.0 直播盒子的"单路直推"中点击"+"图标创建一个直播，并选择"单路直推"选项。此时，用手机扫描盒子上生成的二维码，就可以添加 RTMP 推流地址了，分别填写创建直播的服务器地址和直播码后就创建了一个直播。

直播界面左侧上半部分是直播预览画面，左侧下半部分是导播台。导播台界面中显示了各路输入的画面，除了已有的三路 HDMI 输入和一路 USB 输入，还可以从 SD 卡中导入两个用于直播展示的视频素材，一个网络拉流信号，以及直播中需要展示的 PDF 文档，同时可以提前设置好直播中需要展示的画中画、分屏显示和同屏显示的 AB 画面，以实现在直播中点击画面即可直接展示的效果。（图 4-17）

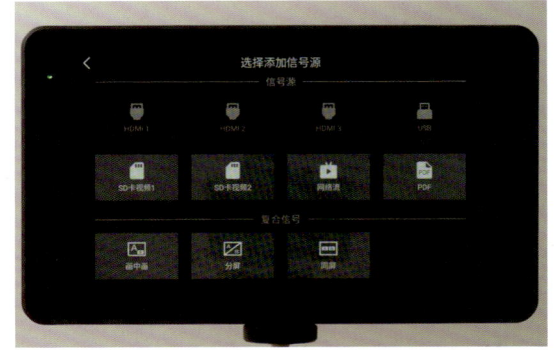

▲ 图 4-17

直播盒子的图层、推流平台信息、混音应用、记分板和设置都在直播界面的右侧。在"图层"模块中点击"+"图标可以为直播画面添加图片或文字图层，这样就能很方便地为直播画面添加角标等信息。若要添加文字图层，则可以在直播盒子中选择内置的模板，并通过直播盒子的触摸屏输入文字即可。"混音应用"可以将音频信号设置为自动跟随或纯手动模式。"记分板"模块是针对赛事直播的工具。在"设置"模块中可以设定视频源切换方式、视频切换转场动画、视频输出模式，以及直播编码的编码形式和码率。（图 4-18）

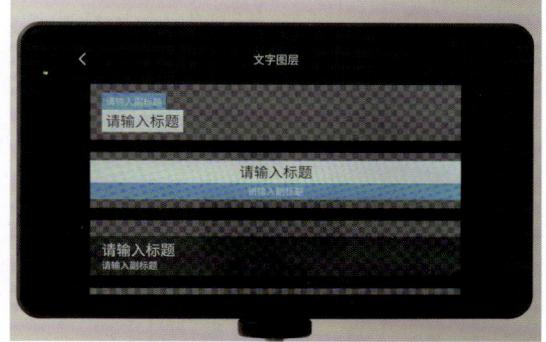

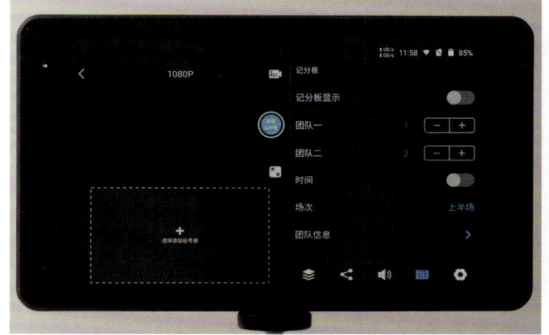

▲ 图 4-18

4.4.3 桌面与立式直播一体机

直播一体机不仅有直播盒子这种形态，还有桌面或落地使用的智能直播一体机。直播盒子适合连接专业摄像机和音频设备，创建多平台分发的专业直播。直播一体机适合连接专业摄像机或网络摄像头，方便快速开启直播，并且这些直播都是在直播平台 App 中开启的。和手机直播的操作逻辑相同，可以将其理解为一个拥有众多接口的手机，这既满足了主播像用手机直播一样的使用体验，又满足了手机直播不能大量外接设备的尴尬。

云犀 MIX 就是一台适合桌面使用的直播一体机，造型类似于一台垂直放置的平板电脑，机身拥有众多接口，因为搭载了安卓系统，所以这台设备能够像安卓手机一样使用常见的 App 进行直播，是高画质桌面直播利器。云犀 MIX 直播一体机可以实现双画面切换、画中画、绿幕抠像等视频信号源切换，也能实现多声道调节，从而实现脱离电脑的直播体验。由于其体积轻巧，因此适合在商场门店、家庭或办公室的带货直播和知识付费类直播中使用。（图 4-19）

▲ 图 4-19

- 115 -

云犀 MIX 直播一体机拥有一个 13.3 寸的触摸显示屏和一个 HDMI 输入接口，USB-A 接口也可以作为视频输入端，所以它能够连接一台摄像机与 USB 摄像头，实现双画面切换，机身的 USB 接口也能连接鼠标、键盘等设备。它还拥有一个 3.5mm TRS 麦克风输入接口和一个 3.5mm TRS 音频输入接口，这两个接口可以连接麦克风和外部音频设备，同时它具备一个 3.5mm TRS 音频输出接口，机身也集成了麦克风和扬声器，即便不外接麦克风也能正常收音。机身拥有一个百兆以太网接口、4G NANO SIM 卡槽和 Wi-Fi 联网性能，这 3 种联网方案让直播有了多重网络选择，使用上网卡或手机卡甚至可以在没有网线和 Wi-Fi 的户外开启直播。机身使用 USB-C 供电接口方案。（图 4-20）

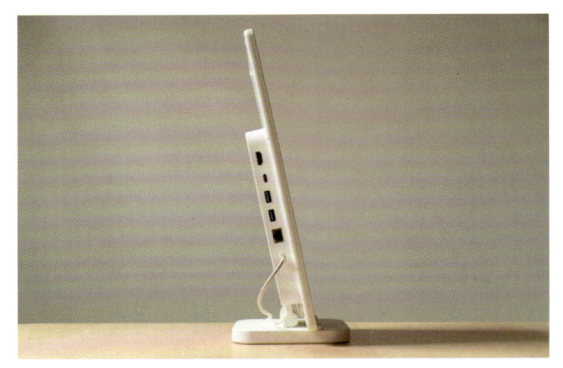

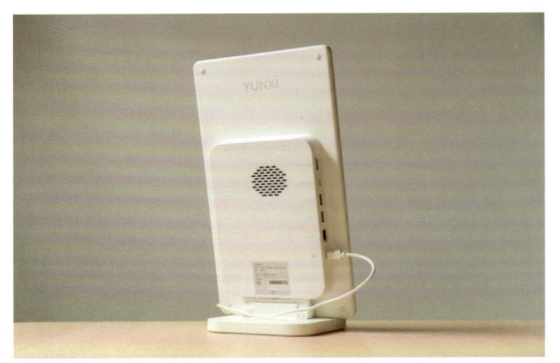

▲ 图 4-20

云犀 MAX Pro 是一台适合落地使用的直播一体机，造型类似于一台垂直放置的电视，机身拥有众多接口，因为搭载了安卓系统，所以这台设备能够像安卓手机一样使用常见的 App 进行直播，是高画质门店直播利器。云犀 MAX Pro 直播一体机可以实现三画面切换、画中画、绿幕抠像等视频信号源切换，也能实现多声道调节，从而实现脱离电脑的直播体验。由于其拥有活动支架，因此适合在商场门店或专业直播间的带货直播中使用。云犀 MAX Pro 直播一体机画面很大，在需要近距离全身展示的服装类带货直播中使用尤为合适。（图 4-21）

▲ 图 4-21

云犀 MAX Pro 直播一体机几乎拥有云犀 MIX 的全部功能，且接口更丰富，显示界面有 32 寸和 43 寸两种规格。它拥有两个 HDMI 输入接口，USB-A 接口也可以作为视频输入端，所以它能够连接两台摄像机与 USB 摄像头，实现三画面切换，机身的 USB 接口也能连接鼠标、键盘等设备。它还拥有一个 3.5mm TRS 麦克风输入接口和一个 3.5mm TRS 音频输入接口，这两个接口可以连接麦克风和外部音频设备，同时它具备一个 3.5mm TRS 音频输出接口和一个 HDMI 输出接口，HDMI 输出接口能为主播或导播连接另外一台用来监看的显示器。机身拥有一个百兆以太网接口、4G NANO SIM 卡槽和 Wi-Fi 联网性能，这 3 种联网方案让直播有了多重网络选择，使用上网卡或手机卡甚至可以在没有网线和 Wi-Fi 的户外开启直播，为了增强信号，机身还配备了外接 Wi-Fi 天线和 4G 网络信号天线接口。云犀 MAX Pro 直播一体机可以使用交流电作为供电方案，另附了一个 12V 的 DC 电源输出接口来为外接摄像头等设备供电。（图 4-22）

【视频】云犀 MAX Pro 介绍

▲ 图 4-22

4.4.4 设置桌面与立式直播一体机

打开云犀 MIX 或 MAX Pro 直播一体机可以发现，机器中预装了几款常用的带有直播功能的 App，如抖音、快手、淘宝主播、微信、拼多多、京东视频、小红书等，打开任意一款 App，点击多画面区可以进行多画面切换。

点击视频源可以看到每个视频源的画面，可以根据需求对每个视频源进行垂直和水平翻转。除此之外，还能添加一个抠像应用或画中画应用，当使用绿色背景或蓝色背景时，能够将主播图像抠出，使背景变得透明，这时可以设置一张图片或视频源作为背景。（图 4-23）

▲ 图 4-23

点击音频源能够调出音频管理界面，这个界面有些像调音台，能够对每一路视频所包含的音频和音频输入接口的各路音频进行选择与设置，可以根据不同的直播需求选择不同的音频方案。（图4-24）

点击"水印"图标可以为直播增加水印或角标。

点击"提词器"图标能够在画面上叠加提词器界面，提词器界面显示的文案可以由手机小程序实现。

▲ 图4-24

4.5 多平台分发

在专业的直播应用中，多平台分发是其重要的功能之一，多平台分发能够让一场直播的视频画面在多个直播平台上传播，极大地增强了一场直播的传播力度。多平台分发是标准版服务中的一项功能。

创建一场直播，点击"直播"图标可以进入直播的相关设置界面，在"直播分发"模块中可以添加诸多直播分发平台的推流地址，勾选需要分发的平台，点击上方的"开始"按钮即可向多个平台分发直播画面。

4.6 导播切换台

导播切换台最早是应用于电视直播的专业设备，也是电视直播核心操作流程中的重要设备之一，其功能是汇总并选择最终需要播出的画面，并将直播画面的视频信号输出到监视器和输出端口中。根据使用需求，整套导播切换台系统包括视频切换台、内部通话系统、监视器等，部分移动导播切换台还包括录像机和电源，并且整套设备都集成在航空箱内。

近几年，由于直播行业的持续升温和远程办公需求的持续增大，导播切换台已经不仅仅是电视台独自使用的专业直播设备，更广泛的使用需求已经使其下沉到专业直播团队和普通个人用户层面，这些用户并不会用到诸如内部通话系统之类的功能，保留视频切换等基础功能的便携导播切换台是最适合小型直播团队和个人主播的设备。

面对小型直播团队和个人主播使用的导播切换台也有不同的规格，区别主要是能够切换几路视频、能够输出几路画面、视频输出接口是否可以被电脑识别为网络摄像头、是否具有完善的直播录制方案、是否具有专业的音频接口、是否融合专业音频管理功能，这些性能差异决定着一款导播切换台的适用场景。

直播用户可以根据视频来源的数量选择导播切换台。一场直播中最多可以用到几个视频来源的画面（拉流直播画面除外），一方面取决于导播切换台的性能，另一方面与直播推流方案有关，如果在推流方案中使用类似 OBS 的软件，那么可以在不占用导播切换台资源的情况下，通过创建场景中视频来源的方式再接入一路来自电脑的画面。

4.6.1 视频采集卡

视频采集卡是最简单的视频采集设备，其功能是将通过视频接口输入的模拟视频信号数据经过转换后以数字形式输出。在形态上，以直接插在电脑主板 PCI 插槽的内置式板卡和直接连接到电脑 USB 接口的外置视频采集卡为主，因为很多直播经常需要在不同的直播间进行，所以外置视频采集卡使用起来更加方便，这类采集卡有时也被称为视频采集棒。

最简单的外置视频采集卡只有两个接口：一个是视频输入接口，如 HDMI，也有的是 SDI 规格；另一个是 USB 输出接口。摄像机输出的视频信号先通过 HDMI 线接入视频采集卡，再从视频采集卡的 USB 接口输出，最后通过连接线连接电脑即可。大多数的视频采集卡在连接电脑后不需要使用驱动程序就可以直接使用，这是因为电脑把输入的信号识别为一个类似网络摄像头的设备。（图 4-25）

▲ 图 4-25

4.6.2 两路导播切换台

当直播用户需要对多个信号切换使用时，就要用到多路导播切换台。因为这些设备功能有差异，所以可能导致命名方式也有所不同。比如，有些品牌把以视频切换为主的设备叫作视频切换台，加入专业音频接口和管理功能的设备叫作音视频切换台，内置 USB 视频输出功能的设备叫作推流直播切换台，为了方便，本书将其统称为导播切换台。Roland（罗兰）公司研发了众多面向专业直播应用的产品，涵盖了从电视台专业演出与赛事直播到个人才艺直播应用的产品。本书以 Roland 导播切换台为例，讲解导播切换台的功能和使用场景。

Roland V-02HD MK II 是一款两路导播切换台，简单方便的连接方式能够帮助主播使用最简单的方案快速开展一场高画质的直播，直播推子能够精准地操控切换画面，让普通用户也能体验到专业导播切换台的手感。两路导播切换台非常适合主播个人操作，适用于网课直播、游戏直播、带货直播等场景，两个画面中的一个可以设置为主播中景（半身）画面，另一个可以设置为直播间全景画面、电脑演示文档（课件或产品信息）画面、作品展示画面（绘画类直播）或游戏画面。对很多在家庭环境或小型直播间内展开的直播来说，直播过程的执行者可能只有主播一个人，V-02HD MK II 是一款操作简单的两路导播切换台，主播在不用过多分心的情况下也能顺利完成直播。（图 4-26）

▲图 4-26

V-02HD MK II 导播切换台拥有两路 HDMI 视频输入，这两个输入端口均能自动检测并转换输入格式，兼容手机、平板电脑或电脑等非常规视频规格。麦克风和立体声音频输入均为 3.5mm TRS 音频接口。3 个视频输出接口分别为节目输出画面（PROGRAM OUT）的 HDMI 接口、预监画面（PREVIEW OUT）的 HDMI 接口和直播画面输出的 USB-C 接口。它不仅拥有一个 3.5mm TRS 监听耳机接口和音量旋钮，还拥有一个 6.35mm TRS 接口，这个接口用于连接脚踏板，脚踏板可以设置快捷操作，以便在不方便用手操作时使用。

V-02HD MK II 两路导播切换台的正面设置有主要的操控方式。OUTPUT FADE 旋钮负责音/视频淡入淡出的方式，TYPE 按钮可以快速切换转场与画中画等合成效果。VFX 按钮是视频效果和音频效果的开关。CONTROL 1 和 CONTROL 2 旋钮用于调节效果。MENU 是菜单键（返回键）。VALUE 是选择和确认旋钮。按钮 1 和按钮 2 分别代表输入 1 与输入 2 的状态，显示红色为正在播出的通道，显示绿色为待机视频。使用中间的直播推子是这款导播切换台的第 2 种视频源切换方式。

在 V-02HD MK II 两路导播切换台的 PREVIEW OUT 接口连接一台监视器，按下

MENU 键即可在监视器上看到设置界面。使用 VALUE 旋钮可以进行视频输入、视频输出、转场时间、转场特效、键控合成视频、视频特效和音频效果等操作。

使用 iPad 可以为 V-02HD MK II 两路导播切换台带来更直观的无接触操控和设置体验。在 iPad 上下载一款叫作 V-02HD MK II 的 App，使用这款 App 可以对 V-02HD MK II 两路导播切换台进行设置，此时无须从导播切换台的 PREVIEW OUT 接口连接监视器，在 iPad 上就能完成所有设置。使用这款 App 也可以像使用实体导播切换台一样对直播画面进行操作。（图 4-27）

▲ 图 4-27

这款 App 有 3 个界面，分别为预设存储界面（PRESET MEMORY）、主控界面和调音台界面。（图 4-28）

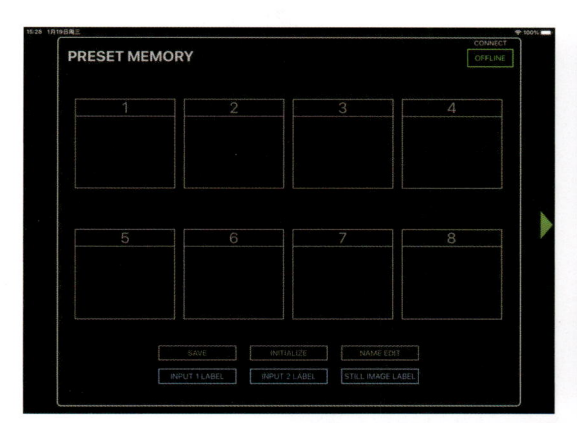

▲ 图 4-28

主控界面看上去很像 V-02HD MK II 两路导播切换台本体，由于采用了图形化显示和触控操作，因此导播切换台的各项功能设置更加直观、一目了然。

点击 iPad 屏幕中的 "MENU"（菜单）按钮可以对导播切换台进行设置。（图 4-29）

▲ 图 4-29

在"EFFECT TYPE"模块中能够对混合转场（MIX）、划像转场（WIPE）、画中画（PinP）和键控合成视频（KEY）进行设置。（图 4-30）

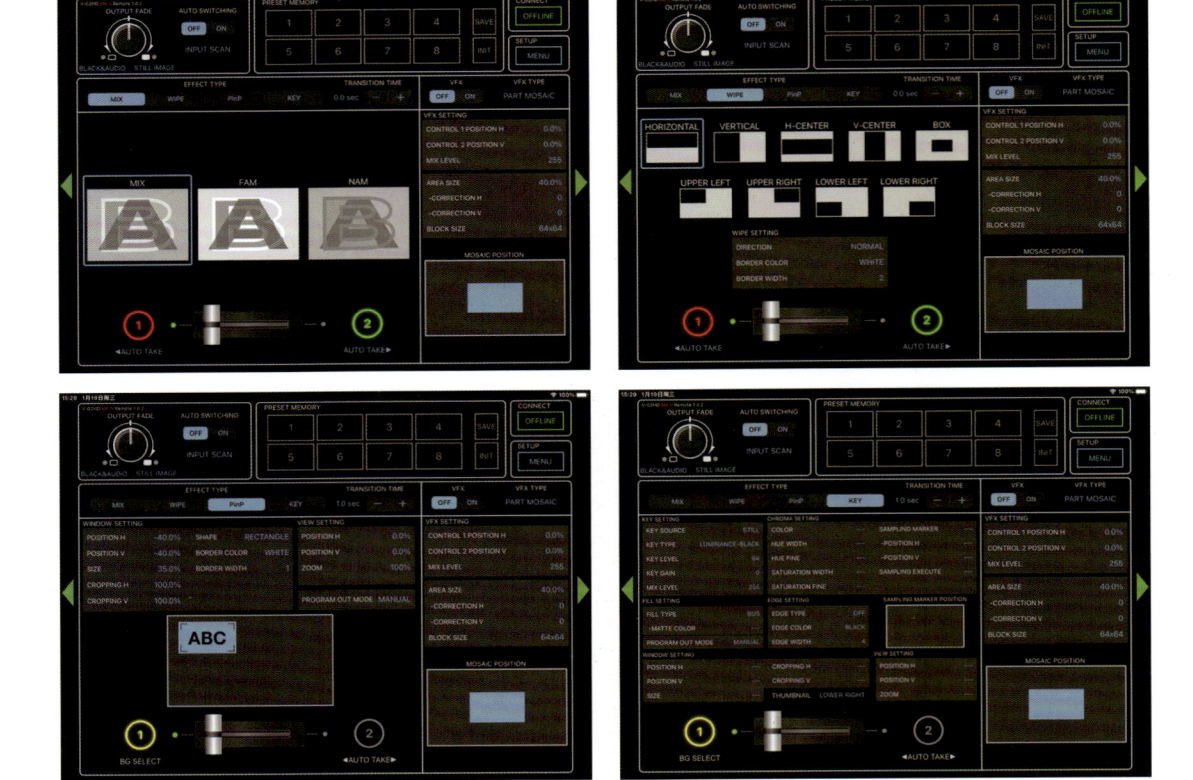

▲ 图 4-30

调音台界面可以对导播切换台的每一路输入音频进行设置，包括麦克风输入、立体声音频输入、HDMI 画面中的音频和电脑中播放的音频，也可以对各项音频总输出进行设置。

点击每一路音频输入模块中的"SETUP"（设置）按钮，弹出设置界面，界面中包含功能强大的专业工具，包括音量增益、齿音消除、延迟、混响等，也可以将预设的效果包直接作用于这一路音频，效果包是在噪声门、压缩器、均衡器和高通滤波器的共同作用下完成的，内置的 5 个常用的效果器包括默认（DEFAULT）、会议（MEETING）、采访（INTERVIEW）、环境麦克风（AMBIENT MIC）、有风环境（WINDY FIELD）。（图 4-31）

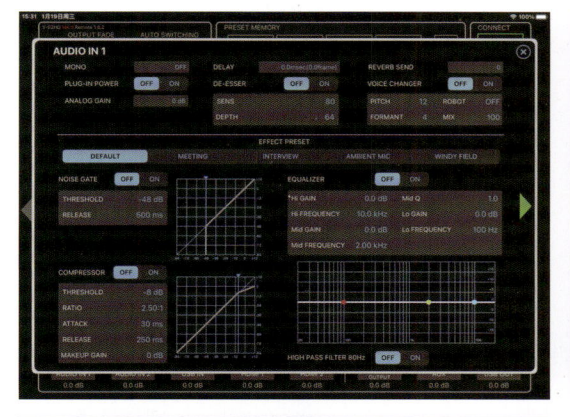

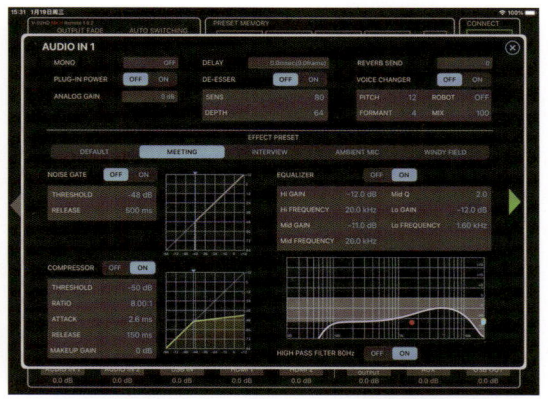

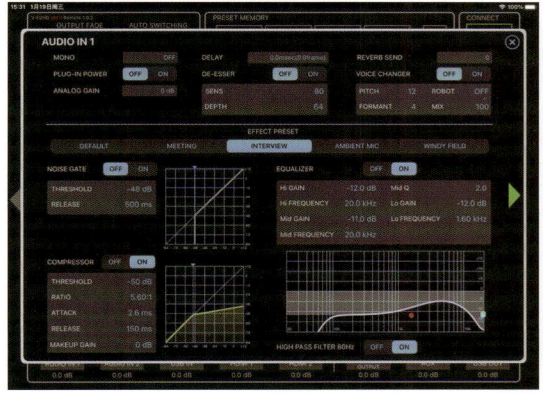

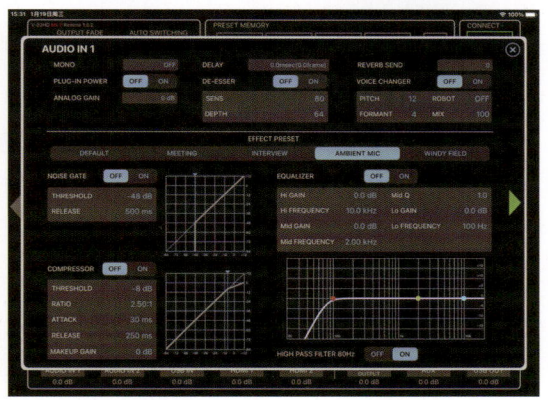

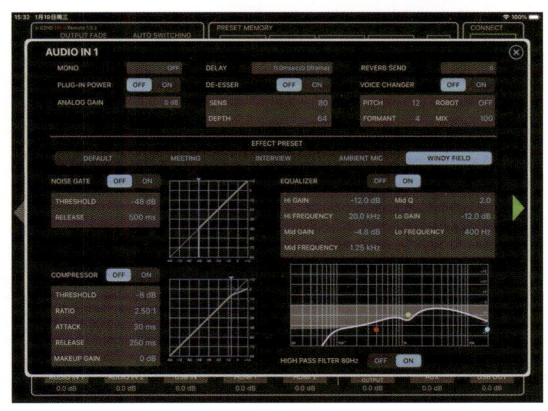

▲ 图 4-31

总输出设置包括限制器、均衡器、压缩器、延迟、混响。（图 4-32）

V-02HD MK II 两路导播切换台拥有 USB 视频输出功能，当通过 USB 线连接电脑直播时，可以通过一个名为 VRCapture 的电脑 App 进行直播录制，这是 Roland 公司推出的一款电脑 App，它可以录制绝大多数拥有 USB 视频输出功能的导播切换台输出的画面，包括从视频采集卡连接电脑时的画面。

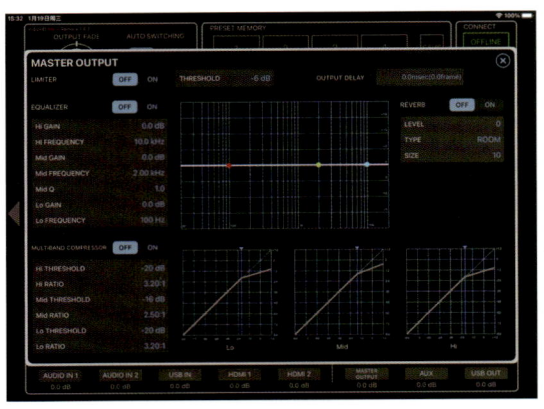

▲ 图 4-32

4.6.3 三路导播切换台

Roland VR-1HD 是一款三路导播切换台，机身包含专业的音频接口和音频操控界面，是一台能够同时实现音/视频切换的设备。三路画面能够满足单人和双人直播的大多数需求。单人直播的画面方案有两种：第一种方案为主播半身画面＋直播间全景画面＋电脑演示文档画面，第二种方案为主播半身画面＋主播全身画面＋产品演示特写画面。双人直播的画面方案为主播 A 半身画面＋主播 B 半身画面＋直播间全景画面。VR-1HD 三路导播切换台是一款操作简单、功能强大的产品，只需按键操作即可完成画面切换，画中画和分屏显示能一键切换，音频效果也能一键切换，音频推子的设计可以让操作者更容易、快速地调节各路输入音频的音量比例。这款导播切换台的特色是主播的声音能够向女性或男性的声线调整，也能向机器人风格调整。（图 4-33）

【视频】Roland VR-1HD 介绍

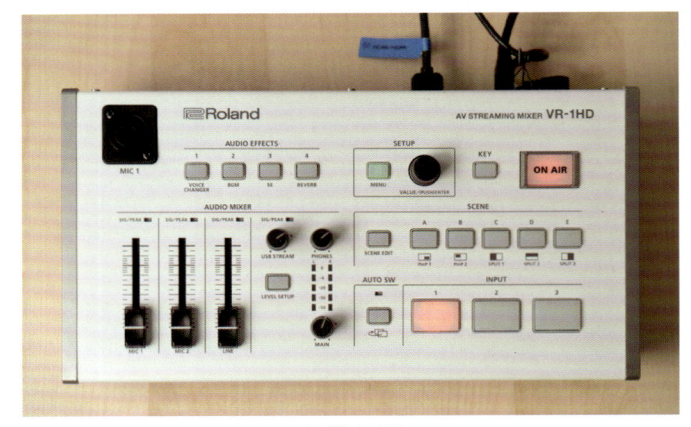

▲ 图 4-33

VR-1HD 的另一个设计思路是通过内置的画面自动切换功能进一步解放主播的双手，使主播在直播过程中更专注于直播内容，同时这款导播切换台也是一款能够满足导播专业操作的导播切换台。

VR-1HD 导播切换台拥有三路 HDMI 视频输入，这 3 个输入端口均能自动检测并转换输入格式，兼容手机、平板电脑或电脑等非常规视频规格。两路麦克风输入均为 XLR 专业音频接口，并配有统一的 48V 幻象电源开关，立体声音频输入为 RCA 音频接口。4 个视频输出接口分别为主输出画面（MAIN）的 HDMI 接口（这个接口的功能类似于节目输出画面的 HDMI 接口）、用于显示菜单（MENU）的 HDMI 接口、第三路 HDMI 信号环出的接口（THRU）和用于直播画面输出的 USB 接口。它还拥有一个 3.5mm TRS 监听耳机接口、一对立体声输出的 RCA 音频接口和一个用于静帧导入的 USB-A 接口。（图 4-34）

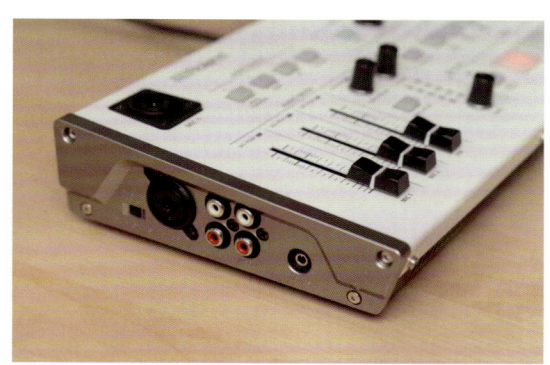

▲ 图 4-34

VR-1HD 三路导播切换台的正面设置有主要的操控方式，左侧是音频操控面板，右侧是视频操控面板。左侧上半部分是音频效果（AUDIO EFFECTS）界面，4 个按钮可以快速启动预设的 4 个效果：变声效果器（VOICE CHANGER）、背景音乐（BGM）、声音特效（SE）、混响（REVERB），这 4 个预设效果可以在菜单中修改为其他方案；下半部分是混音台的输入和输出控制界面，这里有单独控制两路麦克风输入和立体声输入的混音台推子、各通道音量设置按钮（LEVEL SETUP）、音量总输出电平指示表、音量总输出控制旋钮（MAIN）、USB 接口传输音量控制旋钮（USB STREAM）、耳机音量旋钮（PHONES）。右侧上半部分是 MENU 菜单键（返回键）、选择和确认旋钮（VALUE）、键控合成视频按钮（KEY）、直播按钮；中间部分是场景设置按钮（SCENE EDIT）与 5 个预设场景快速切换按钮，这 5 个预设场景可以在菜单中修改为其他方案；下半部分是自动切换功能键（AUTO SW）和 3 个输入切换按钮，当有信号时，按钮亮白灯，选择的输入端按钮亮红灯。（图 4-35）

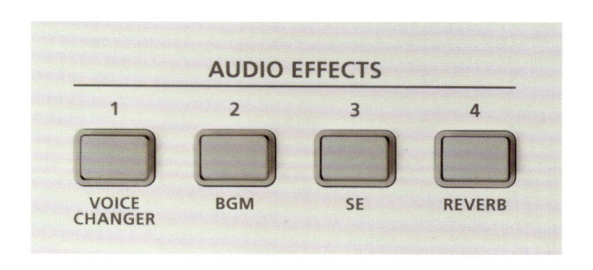

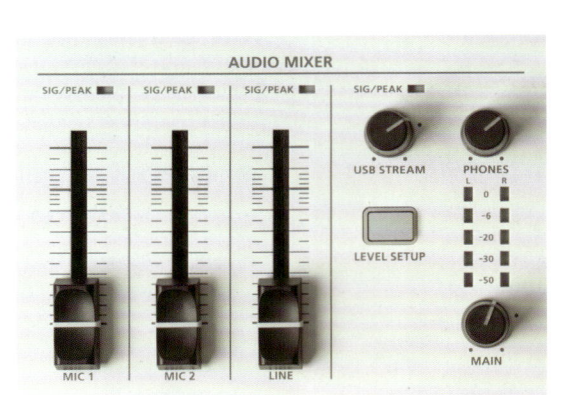

▲ 图 4-35

在 VR-1HD 三路导播切换台的 MONITOR（MENU）接口连接一台监视器，按下 MENU 键即可在监视器上看到设置界面。使用 VALUE 旋钮可以进行视频输入、视频输出、场景设置、转场时间、键控合成视频、自动切换设置、直播设置、音频输入、音频输出、音频跟随、音频效果和系统设置等操作。（图 4-36）

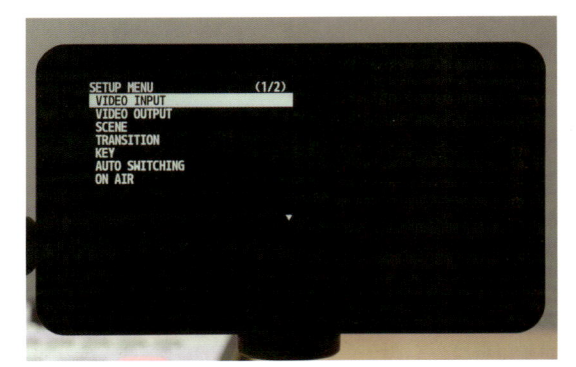

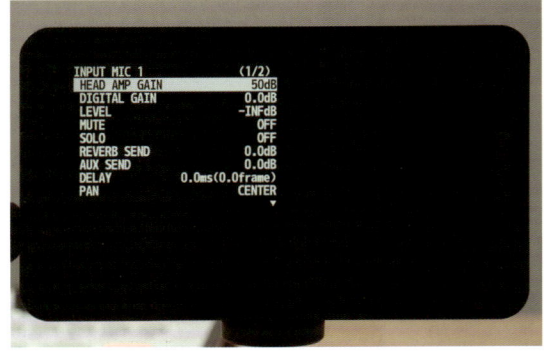

▲ 图 4-36

使用电脑也可以对 VR-1HD 三路导播切换台进行设置和操控，在使用电脑推流直播的案例中，可以省去一个对导播切换台进行设置的监视器，此时 VR-1HD 三路导播切换台

- 126 -

的输出接口可以扩展为两个，分别为主输出接口和监视器输出接口。在电脑上下载一款叫作 VR-1HD RCS 的 App，使用这款 App 可以对 VR-1HD 三路导播切换台进行设置和无接触操控。在通过电脑 App 操控时，VR-1HD 三路导播切换台上的状态灯也会随之变化。

VR-1HD RCS 这款 App 的主界面和 VR-1HD 三路导播切换台的本体很像，App 中的各部分操控按钮大都保留了下来，并且和实体导播切换台的位置相同，同时增加了部分需要进入菜单才能修改的设置选项，在操作时能够节约大量的时间。（图 4-37）

单击 App 左上角的"MENU"按钮可以呼出 VR-1HD 三路导播切换台的所有设置选项，与实体导播切换台的操作不同，电脑 App 中的设置均为图形化界面，操控和观感更直观。（图 4-38）

▲ 图 4-37 　　　　　　　　　　　　　　　　▲ 图 4-38

单击 App 菜单中 5 个场景（SCENE）中的任意一个按钮即可进入该场景的设置界面，在修改不同窗口的来源和尺寸位置等信息时，示意图也会随之变化，非常直观。（图 4-39）

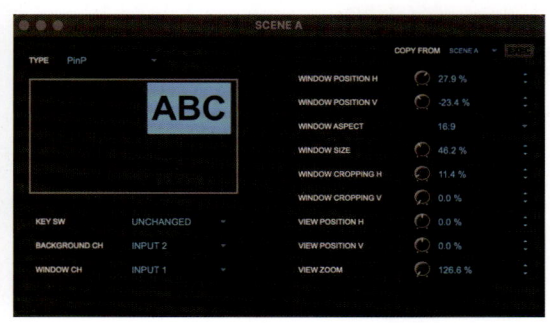

▲ 图 4-39

单击 App 菜单中的"AUDIO MIXER"（混音器）按钮可以呼出一个图形界面的混音器，这时可以对 8 路输入和 3 路输出的音量进行调节，也可以对任意一路的参数进行设置，这些参数包括增益、延迟、混响、均衡器、噪声门、压缩器。（图 4-40）

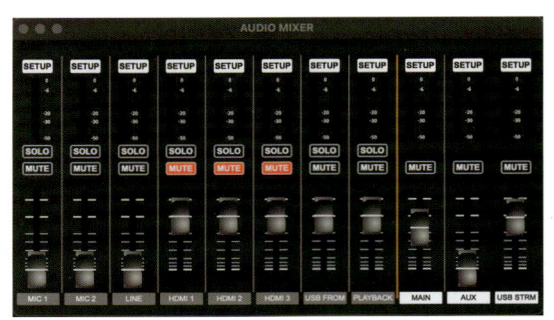

▲ 图 4-40

在"EQ/HPF"(均衡器/高通滤波器)模块中,除了能对常规的音频进行高、中、低任意频段的 3 段均衡,还内置了 6 个常用的均衡器曲线:默认(DEFAULT)、降低风噪(WIND NR)、减少低频噪声(VIBRATION NR)、降低唇齿音(LIP NR)、语音(SPEECH)、演唱(VOCAL)。(图 4-41)

当导播或主播使用电脑 App 操作时,为了防止在实体导播切换台上误操作,可以在 App 中禁用导播切换台面板的部分按钮功能。(图 4-42)

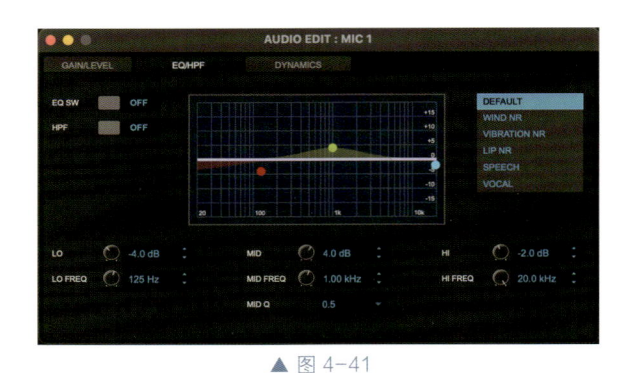

▲ 图 4-41

▲ 图 4-42

当使用 VR-1HD 三路导播切换台通过电脑进行直播时,可以使用 VRCapture 这款电脑 App 录制直播画面。(图 4-43)

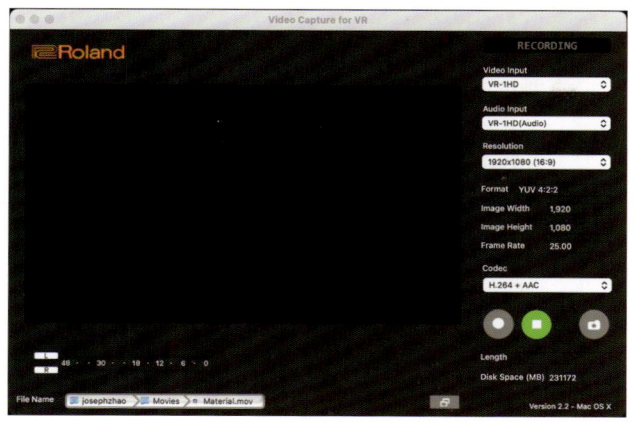

▲ 图 4-43

4.6.4 四路导播切换台

Roland V-1HD+ 是一款四路导播切换台，其上一代产品 V-1HD 开创了行业紧凑型 HDMI 切换台领域，并得到了行业认可。V-1HD+ 导播切换台的定位是一款能够胜任商业演出和专业现场直播的设备，它拥有丰富的接口和稳妥可靠的导播方案，内置主动散热功能，将直播的安全级别提升到更高的层级。这款导播切换台能够与演播室摄像机和专业调音台协同工作，也能连线至 iPad 并通过 App 操控和设置。V-1HD+ 导播切换台有两种切换逻辑，导播可以根据使用习惯随意切换。10 画面预监界面可以全面展示输入和预设静帧画面的情况，也可以同时看到 PST 输出和 PGM 输出，这对全面了解素材情况和实时掌控直播流程很有必要。这款四路导播切换台是适合专业直播团队使用的设备。（图 4-44）

V-1HD+ 导播切换台拥有四路 HDMI 视频输入，这 4 个 HDMI 输入端均内置了帧率转换器。其中，HDMI4 输入端能够适配手机、平板电脑或电脑等非常规视频规格，并能对画面进行缩放调整。音频输入的方式和数量也非常丰富：两路 XLR 音频输入、一对 RCA 立体声音频接口、一个 3.5mm TRS 立体声音频输入接口。两个 HDMI 输出接口可以在 3 种输出方式中进行选择，分别为节目输出画面（PROGRAM）、预监画面（PREVIEW）、多画面预监界面（MULTI-VIEW），导播可以根据现场情况选择使用。它还拥有一对 6.35mm 立体声平衡输出接口、一个 3.5mm TRS 监听耳机接口、一个用于静帧导入的 USB-A 接口、一个用于远程控制的 USB 接口、一个用于连接电脑远程控制的 RS-232 接口和一个用于连接输出提示信号设备的 TALLY 接口。（图 4-45）

▲ 图 4-44　　　　　　　　　　　　　　　　▲ 图 4-45

V-1HD+ 四路导播切换台的正面设置有主要的操控方式和丰富的调节按钮，上方一排分别为选择和确认旋钮（VALUE）、菜单键（MENU）、负责音/视频淡入淡出方式的 OUTPUT FADE 旋钮，以及可以为直播画面加上标题、水印、Logo 或字幕窗口的 DSK ON 按钮和 DSK PVW 按钮，后面的模式键（MODE）可以分配后 4 个按钮的功能，将其分配为静帧（STILL IMAGE）、画中画（PinP SOURCE）、8 个预设（MEMORY 1-4、MEMORY 5-8），最后是转场效果切换按钮（TRANSITION）。左侧下方是音频控制模块，GAIN 1 和 GAIN 2 分别为两个 XLR 接口 AUDIO IN 1 与 AUDIO IN 2 的增益旋钮；设置按钮（SETUP）可以在菜单中呼出所有音频输入端的设置：输入接口音量旋钮（AUDIO IN 1、AUDIO IN 2、LINE IN）、限制器开关按钮（LIMITER）和总输出音量旋钮（MAIN）；CONTROL 1 旋钮和 CONTROL 2 旋钮负责画面分割与画中画的设置。右侧下方是分割功能键（SPLIT）、画中画功能键（PinP）、4 组（8 颗）切换键、即时切换键（CUT）、AUTO 切换键和视频推子。

在 V-1HD+ 四路导播切换台的 HDMI OUTPUT 2（MENU）接口连接一台监视器，并在设置中将 OUTPUT 2 设置为多画面预监界面（MULTI-VIEW），此时监视器中显示的是 10 画面预监界面。按下 MENU 键即可在监视器上看到设置界面。使用 VALUE 旋钮可以进行视频输入、视频输出、转场时间、转场设置、分屏设置、画中画设置、DSK 设置、音频输入、音频输出、音频跟随、预设存储和系统设置等操作。（图 4-46）

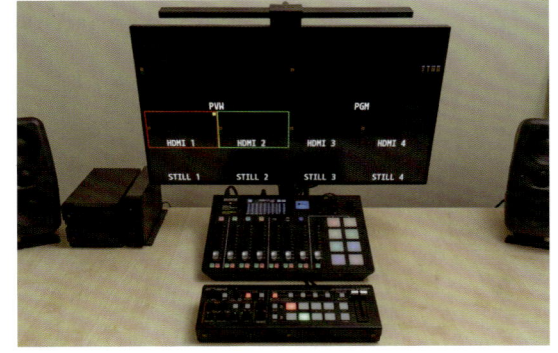

▲ 图 4-46

使用 iPad 可以为 V-1HD+ 四路导播切换台带来更直观的无接触操控和设置体验。在 iPad 上下载一款叫作 V-1HD+Remote 的 App，使用这款 App 可以对 V-1HD+ 四路导播切换台进行设置和远程控制。与 V-02HD MK II 两路导播切换台的 App 相同，这款 App 也有 3 个界面，分别为预设存储界面（PRESET MEMORY）、主控界面和调音台界面。（图 4-47）

第 4 章 推流直播与拉流直播

▲ 图 4-47

主控界面看上去很像 V-1HD+ 四路导播切换台本体，但按钮和实体导播切换台上的排列有些不同，但这并不会给操作带来难度，很多按钮的功能和拓展的设置键操作起来比实体导播切换台更直观、更快捷。

点击 iPad 屏幕中的"MENU"（菜单）按钮可以对导播切换台进行设置。（图 4-48）

▲ 图 4-48

分屏设置（SPLIT）、画中画设置（PinP）和 DSK 设置都很直观，甚至可以直接用手指拖动分割线和窗口的位置，用双指缩放画中画窗口的尺寸。（图 4-49）

- 131 -

▲ 图 4-49

调音台界面可以对导播切换台的每一路输入音频进行设置，包括四路 HDMI 画面中的音频、两路 AUDIO IN、LINE IN 和 MIC/AUX 音量输入，也可以对各项音频总输出进行设置。（图 4-50）

点击每一路音频输入模块中的"SETUP"（设置）按钮，可以为这一路音频快速设置效果包，内置的 4 个常用的效果器包括默认（DEFAULT）、会议（MEETING）、采访（INTERVIEW）、环境麦克风（AMBIENT MIC）。效果包中内置了增益、噪声门、压缩器、均衡器和高通滤波器，两路 AUDIO IN 的设置中还包括单独的幻象电源开关和延迟效果。（图 4-51）

▲ 图 4-50　　　　　　　　　　　▲ 图 4-51

V-1HD+ 四路导播切换台在连接电脑进行推流直播时需要通过视频采集卡实现。

第 5 章　带货直播

带货直播是我们最熟悉的直播类型之一，这种情况来自商品买卖双方的需求，受众也逐渐认可带货直播这种形式。新冠疫情的蔓延使很多人开始居家办公，随之而来的产品推广也只能在家中进行，这也间接加快了带货直播的普及速度。

5.1 带货直播系统规划

如何打造一个带货类直播间呢？回答这个问题前要先明确直播间的用途和直播效果。当你开始规划一个直播间时，首先要了解以下几个信息。

1. 直播间的面积有多大？
2. 主播有几个人？
3. 站播还是坐播？
4. 主播在直播中是否需要移动？
5. 横屏直播还是竖屏直播？
6. 对直播画质有哪些要求？
7. 是否需要单独展示商品？
8. 是否需要多机位？
9. 是否需要抠像？
10. 是否需要专职导播？
11. 是否需要专职运营？
12. 直播间的预算是多少？

在明确上述信息后就可以制定直播间方案了，其中包括布光方案、摄像机方案、音频方案、推流方案、导播方案、运镜方案、电源方案和置景方案等。带货类直播间在搭建时要重点考虑如何提升主播出镜效果、如何更清晰地展示商品、如何带来更好的语音效果等。

5.2 入门带货直播间设置

入门带货直播间成本较低，可以满足小尺寸直播间的基础布光和录音需求，将微单相机作为画面采集设备可以提升画质表现力。入门带货直播案例可以实现手机直播无法完成的双画面切换，直播间的搭建相对简单，主播一个人也可以兼顾导播的工作。

5.2.1 入门带货直播案例一

入门带货直播案例一的场景很容易在家庭环境或卖场的柜台位置搭建，单人主播能够

很方便地架设直播间设备，并单独完成整场直播流程。（图 5-1）

▲ 图 5-1

【视频】入门带货直播案例一

【视频】入门带货直播案例一解读

直播设备

　　直播方案：竖屏直播

　　摄像机（镜头）：佳能 EOS M50 Mark II（EF-M 15-45mm f/3.5-6.3 IS STM）

　　三脚架：MVKBFRT-LIVE Befree 旋锁三脚架套装一个

　　灯光方案：amaran COB 60d/x 一盏、Light Dome SE 柔光箱一个、灯架一个、台灯一套

　　音频方案：RØDE Wireless GO II 无线麦克风一套、入耳式监听耳机一副

　　视频切换与直播推流：云犀 MIX 直播一体机一台

　　电脑：笔记本电脑一台

　　其他：主播桌一张

入门带货直播案例一直播间示意图。（图 5-2）

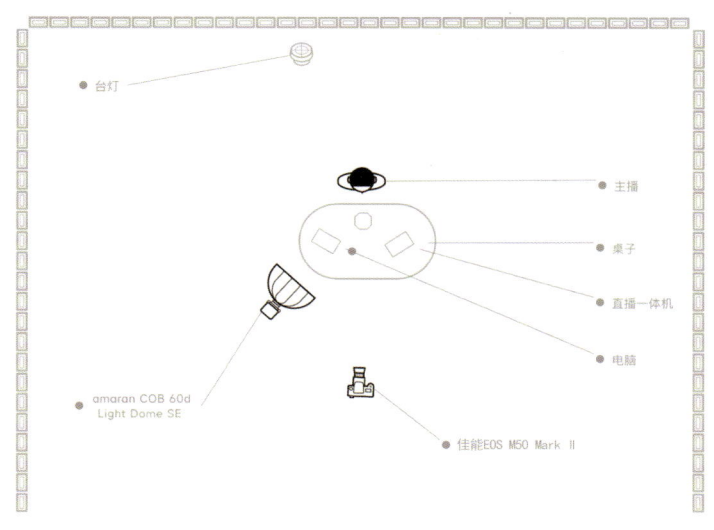

▲ 图 5-2

这套方案适合习惯手机直播的用户，因为操作起来和手机直播类似，同时带来了全方位的提升。比如，提升画质、提升音质、提升至双画面切换、提升续航等。这套方案在提升直播效果的同时，搭建难度和使用门槛都很低，适合刚入门的主播使用。这套方案还有一个优势，就是在高画质相机的加持下可以实现直播美颜效果。

使用佳能 EOS M50 Mark II 微单相机和 EF-M 15-45mm f/3.5-6.3 IS STM 套机镜头能够满足室内小空间、高画质的拍摄需求，相比手机摄像头的画质，这套器材的画质有了明显的提升。由于是轻量级机身和镜头的搭配，因此使用曼富图 Befree 系列轻型脚架就可以稳定支撑，同时三脚架搭配的云台可以很方便地调整横拍或竖拍。（图 5-3）

▲ 图 5-3

由于是为单人小尺寸直播间布光，因此 65W 的 COB 点光源灯光就能同时满足主播和背景的补光需求。因为 65W 的灯光基本够用，所以在恒定色温的白光版和可调色温版灯光中优先选择了恒定色温的白光版 amaran COB 60d，如果希望灯光能够更好地匹配主播的肤色，那么可以选择可调色温版 amaran COB 60x。Light Dome SE 抛物线柔光箱能够打造柔和的光线，灯光摆放的位置要尽量贴近人物的脸部，这样能够展现健康、漂亮的皮肤状态。（图 5-4）

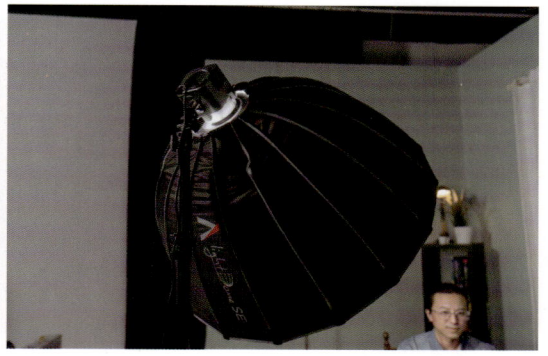

▲ 图 5-4

由于带货类直播间的场景并不大,因此无线麦克风就能很好地拾取人声,选择 RØDE Wireless GO II 无线麦克风是因为其音质较好,体积也比较小巧,并且支持模拟音频输出和数字音频输出,无论是连接相机还是连接电脑都比较方便,搭配一副入耳式监听耳机可以让主播实时确认直播语音的状态,这样可以避免出现音量太小或静音的情况。(图 5-5)

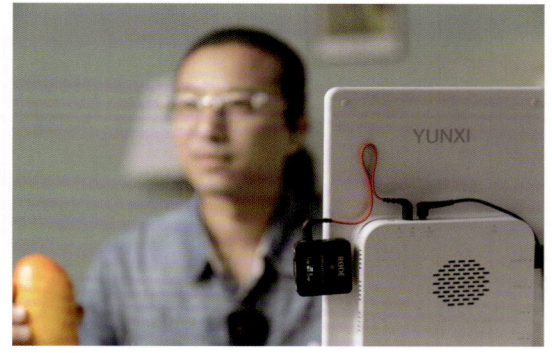

▲ 图 5-5

视频切换与直播推流由云犀 MIX 直播一体机完成,它不仅有一路 HDMI 输入接口,还有一个视频输入接口,如果有另一个摄像头,也可以很方便地接入。这台直播一体机内置了常见的直播 App,可以很方便地在主流直播平台上开展直播。这套直播方案中预留了一台电脑用来直播上货,也可以用来查看商品资料。(图 5-6)

▲ 图 5-6

5.2.2 入门带货直播案例二

入门带货直播案例二的场景和上一个场景类似，区别是把直播一体机换成了电脑，这两种方案适配不同的直播平台。（图5-7）

【视频】入门带货直播案例二解读

▲ 图5-7

直播设备

  直播方案：横屏直播

  摄像机（镜头）：佳能 EOS M50 Mark II（EF-M 15-45mm f/3.5-6.3 IS STM）

  三脚架：MVKBFRT-LIVE Befree 旋锁三脚架套装一个

  灯光方案：amaran COB 60d/x 一盏、Light Dome SE 柔光箱一个、灯架一个、台灯一套

  音频方案：RØDE Wireless GO II 无线麦克风一套、入耳式监听耳机一副

  视频切换与直播推流：电脑 OBS 软件

  视频采集：视频采集卡

  电脑：笔记本电脑一台

  其他：主播桌一张

入门带货直播案例二直播间示意图。（图5-8）

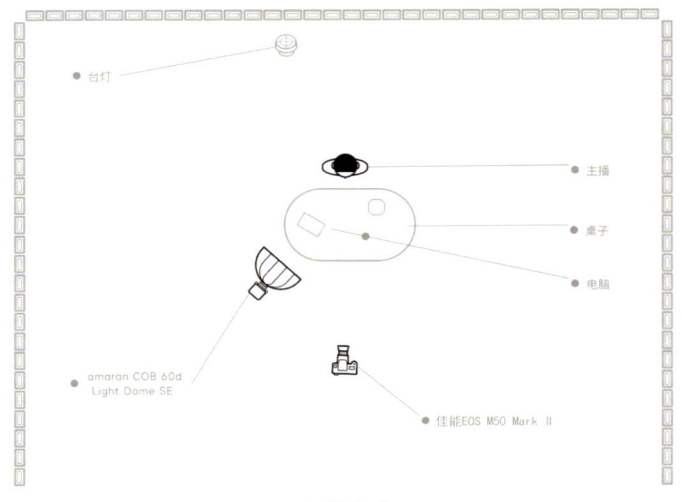

▲ 图5-8

这套方案的画面质感和声音效果与上一套方案相同，只是直播形式变成了横屏。画面切换和音频管理都由电脑来完成，这样在直播中加入背景音乐也会更容易。由于使用了 OBS 推流直播，因此直播的同时可以同步录制一份直播回放视频。这套方案的布光和音频设置都很简单，主播只需学习一下 OBS 软件的使用方法。本套方案适合刚入门的主播使用。

因为这套方案使用了和上一套方案一样的相机与镜头，所以它依然可以带来优秀的画质表现。相机的 HDMI 输出接口通过视频采集卡将视频信号输入电脑，此时电脑会将相机识别为一个摄像头，打开 OBS 软件就能拾取相机的实时画面了。RØDE Wireless GO II 无线麦克风可以直接安装在相机上并通过模拟输出连接，也可以通过 USB 线的数字输出接口将 RØDE Wireless GO II 无线麦克风连接到电脑上。因为是用电脑 OBS 软件进行视频切换和音频管理的，所以在电脑上连接一副入耳式监听耳机就很有必要。这套方案中使用的电脑既要用于推流，又要用于直播效果查看，还有可能会用于上货和商品资料查看，所以建议选择配置高、屏幕大、接口丰富的电脑，华硕 ProArt 系列的产品就是不错的选择。（图 5-9）

▲ 图 5-9

5.3 进阶带货直播间设置

当直播间的业务规模逐渐扩大时，就需要升级直播间，为直播增加更多功能。比如，通过多画面分别展示主播和商品、通过抠像技术将主播和商品放在同一个画面中。当然，这样的升级仅靠主播一个人很难完成，所以在直播团队中需要加入专职摄影师、导播和运营等工作人员。

5.3.1 进阶带货直播案例一

进阶带货直播案例一的场景非常适合在卖场搭建，主播在直播过程中不仅能展示产品，还能自由移动。（图5-10）

【视频】进阶带货直播案例一解读

▲ 图5-10

直播设备

直播方案：竖屏直播

摄像机（镜头）：佳能 EOS R5（RF24-105mm F4 L IS USM）、佳能 EOS M50 Mark II（EF-M 15-45mm f/3.5-6.3 IS STM）

三脚架：MK190XPRO4-3W 190系列铝合金四节专业三脚架套装一个、MVKBFRT-LIVE Befree 旋锁三脚架套装一个

灯光方案：amaran 200d/x 两盏、amaran P60c/x 两盏、Lantern 球形柔光箱两个、灯架4个、台灯一套

音频方案：RØDE Wireless GO II 无线麦克风一套、Mackie MC-350 监听耳机一副

视频切换与直播推流：云犀 MAX/MAX Pro 直播一体机一台

电脑：笔记本电脑一台

色彩管理：datacolor SpyderCheckr 24、datacolor SpyderCheckr Photo

其他：导播桌一张

进阶带货直播案例一直播间示意图。（图5-11）

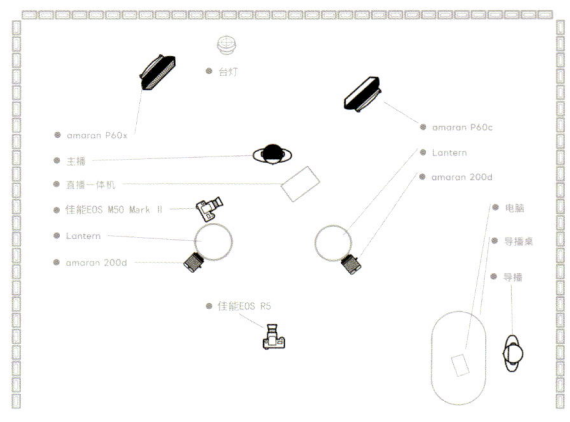

▲ 图5-11

这套方案将拍摄画面拓展为两个，分别用于拍摄主播和商品，考虑到采用了站播形式，所以将直播间的灯光升级为能够满足主播全身站播的方案。这套方案中增加了一个工作人员，这个人可以负责上货，也可以负责照看两个固定机位，还可以兼顾运营。主播负责直播画面与音/视频切换，因为使用的是直播一体机，所以主播操作起来更容易上手，同时这与手机直播的操作类似，因此主播使用的门槛也较低。升级的微单相机带来更高画质的同时，可以通过直播一体机开启直播美颜效果。

本套方案采用双机位模式，一个机位是佳能 EOS R5 套机，另一个机位是佳能 EOS M50 Mark II 套机，这两个机位都能满足中等尺寸直播间的人物拍摄和商品特写需求。由于使用了相同的色彩管理，因此两台相机的色彩一致，画质更加优异的 EOS R5 用于拍摄人物，EOS M50 Mark II 则用于拍摄商品特写。因为 EOS R5 的重量有所增加，所以负责支撑的三脚架由曼富图 190 系列承担。（图 5-12）

▲ 图 5-12

云犀 MAX 或 MAX Pro 直播一体机的显示屏很大，即便主播在 1m 以外的位置，也能看清直播画面和互动信息。云犀 MAX Pro 直播一体机拥有两个 HDMI 输入接口，可以同时连接两台相机，两个画面的切换和画中画的设置均由主播完成。（图 5-13）

▲ 图 5-13

这套灯光方案可以实现人物和背景的分区补光，两盏 250W 的 amaran 200d 结合球形柔光箱能够为人物营造柔和的灯光氛围，使主播的脸部肤质细腻柔和，衣着也可以呈现出不俗的质地和准确的色彩，非常适合服装类带货直播。主播身后的 amaran P60x 平板灯可以为主播的头发和服装轮廓镶边，使主播的造型更加立体，另一盏 amaran P60c 平板灯主要负责照亮背景，因为这是一盏 RGB 彩灯，所以也可用于背景染色。同时，在直播间的背景中可以适当地放置一些小型灯光来营造气氛。RØDE Wireless GO II 无线麦克风可以直接连接在直播一体机上采集声音，工作人员可以在导播桌上使用电脑监看画面，同时使用头戴式监听耳机确认音频。（图 5-14）

▲ 图 5-14

本套方案为双机位直播方案，两台机器的色彩统一是非常有必要的，正确的色彩表现无论是对主播肤色还是产品外观都是至关重要的，建议在开始一场多机位直播前，通过标准色卡对两台相机进行白平衡校准。datacolor 的 24 色色卡和 48 色色卡均可提供标准的白平衡校准功能，datacolor SpyderCheckr 48 色卡适合安装在支架上，更加便携的 datacolor SpyderCheckr Photo 则适合随身携带。（图 5-15）

▲ 图 5-15

5.3.2 进阶带货直播案例二

进阶带货直播案例二在上一套方案的基础上增加了绿幕抠像功能，这套方案可以在不切换画面的基础上，展示更多的图文信息。（图 5-16）

▲ 图 5-16

【视频】进阶带货直播案例二解读

直播设备

　　直播方案：竖屏直播

　　摄像机（镜头）：佳能 EOS R5（RF24-105mm F4 L IS USM）

　　三脚架：MK190XPRO4-3W 190 系列铝合金四节专业三脚架套装一个

　　灯光方案：Aputure LS C300d II 两盏、amaran 200d/x 两盏、Light Dome II 抛物线柔光箱两个、Lantern 球形柔光箱两个、灯架 4 个

　　音频方案：RØDE Wireless GO II 无线麦克风一套、Mackie MC-350 监听耳机一副

　　视频切换与直播推流：云犀 MAX/MAX Pro 直播一体机一台

　　电脑：笔记本电脑一台

　　其他：绿幕一个、导播桌一张

进阶带货直播案例二直播间示意图。（图5-17）

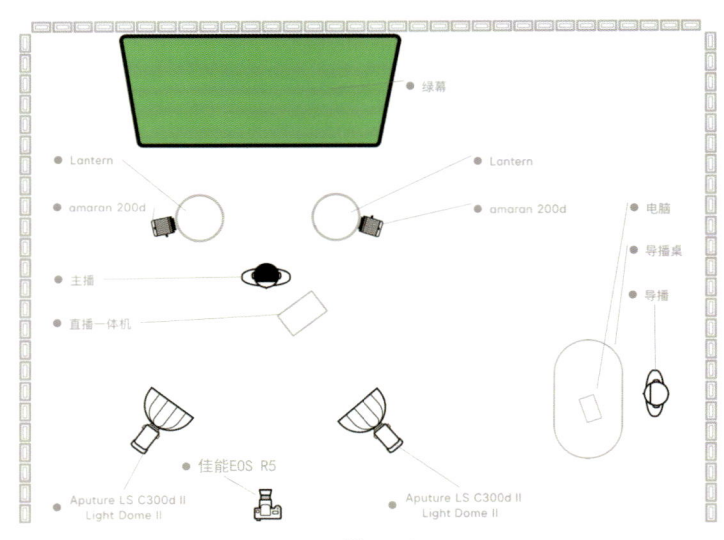

▲ 图5-17

这套方案在上一套方案的基础上将背景设置为绿幕，从而实现了绿幕抠像功能，将背景换成提前准备好的商品信息或指定图片，摄像机也由两台简化为一台。这套方案非常灵活，既可以让主播在讲解产品的同时控制画面的切换，又可以让主播面对摄像机，此时直播一体机由另一位工作人员操作。这套方案既要考虑到为绿幕均匀布光，又要考虑到为人物补光，所以灯光的位置至关重要。

单机位画面只要结合丰富的背景就能实现很好的带货效果，因为在绿幕抠像后，背景画面可以展示各种图文和视频素材，同时主播依然在画面中，这种形式可以让观众更加关注直播间画面，进而关注商品。（图5-18）

▲ 图5-18

本套方案的另一个巧思来自布光，由于采用了绿幕抠像的直播形式，因此分区布光的思路是分别为人物和绿幕背景补光。考虑到主播需要全身补光，所以使用350W的Aputure LS C300d II 灯光并结合 Light Dome II 抛物线柔光箱营造明亮柔和的灯光氛围，由于这盏灯光的功率足够大，因此冗余的光线还可以为绿幕补光。若想让绿幕光线更加柔和，则需要使用扩散性更好的 Lantern 球形柔光箱，两盏 250W 的 amaran 200d 能够均匀地照亮整个绿幕，这两盏照亮绿幕的灯光也可以承担一部分主播轮廓光的用途，只需稍微将灯头转向主播的头顶，这样就能在不牺牲绿幕光线均匀度的情况下，提升主播轮廓的光线品质。抠像过程是在直播一体机上完成的，只需一键抠像即可。本方案在实现高画质抠像的同时可以利用直播一体机预装的各种 App 进行实时美颜。（图 5-19）

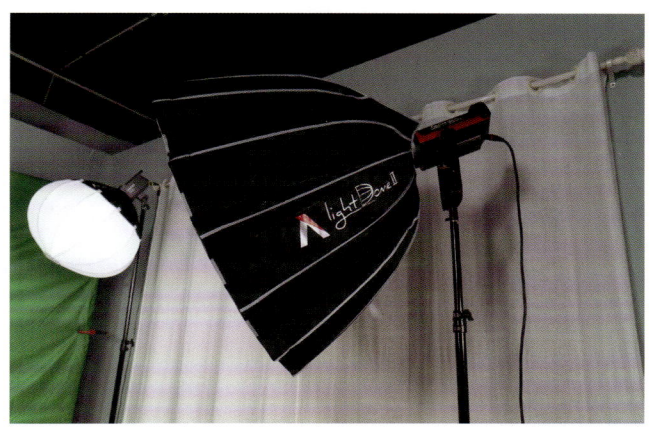

▲ 图 5-19

5.3.3 进阶带货直播案例三

进阶带货直播案例三非常适合需要分别展示产品讲解和产品细节的主播，双机位的设置可以在不降低主播呈现效果的同时，提升对产品细节和产品质感的表现力。（图 5-20）

【视频】进阶带货直播案例三解读

▲ 图 5-20

直播设备

直播方案：横屏直播

摄像机（镜头）：佳能 EOS R5（RF24-105mm F4 L IS USM）、佳能 EOS M50 Mark II（EF-M 15-45mm f/3.5-6.3 IS STM）

三脚架：MK190XPRO4-3W 190 系列铝合金四节专业三脚架套装一个、MVKBFRT-LIVE Befree 旋锁三脚架套装一个

灯光方案：amaran 200d/x 两盏、amaran P60c/x 两盏、Lantern 球形柔光箱两个、灯架 4 个、台灯一套

音频方案：RØDE Wireless GO II 无线麦克风一套、Mackie MC-350 监听耳机一副

视频切换与视频采集：Roland VR-1HD 切换台一个

电脑：笔记本电脑一台

显示器：华硕 PA148CTV 显示器一台

直播推流：电脑 OBS 软件

色彩管理：datacolor SpyderCheckr 24、datacolor SpyderCheckr Photo

其他：导播桌一张

进阶带货直播案例三直播间示意图。（图 5-21）

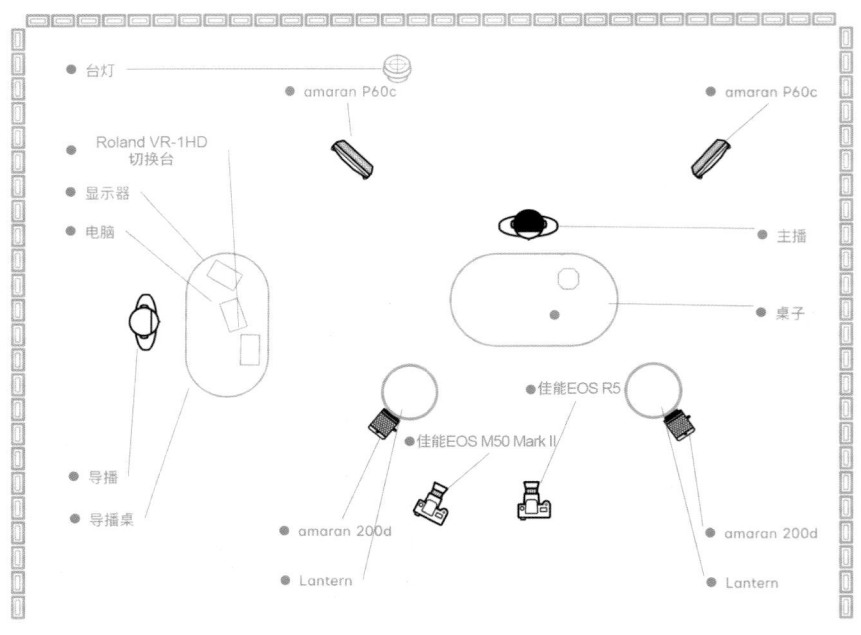

▲ 图 5-21

这套方案可以通过双机位采集到两个现场画面，使用 OBS 软件能极大地扩展画面管理的自由度，除了这两台摄像机画面，还能灵活切换提前准备好的图片和视频。这套方案使用了实体切换台，可以提升画面切换的手感和体验，使画面切换更加快速、精准。由于

画面切换和音频管理由导播负责，因此主播可以更加专注于直播的内容和流程，而无须为直播的技术分心。

  本套方案的双机位都来自高画质的微单相机，双机位不仅能提供两种视角，还能分别为主播和产品打造专属的画面，如果有摄影师加持，那么还能在主机位展示的时间段内调整拍摄产品的第2机位，从而呈现出更加丰富的直播画面。（图5-22）

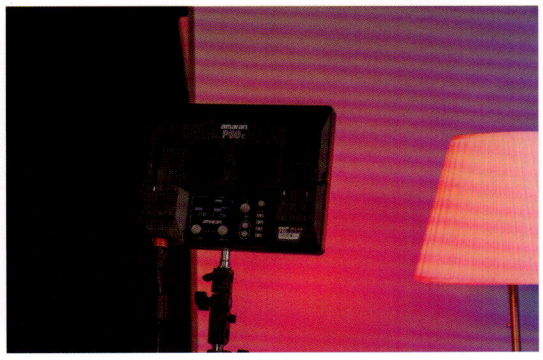

▲ 图5-22

  这套方案使用的是 Roland VR-1HD 导播切换台，这是一款三路音/视频切换台，可以切换三路画面和三路音频，非常适合这个场景。本套方案并没有使用所有的视频输入接口，如果希望直播更安全，那么可以设置第三路画面，并将这个画面作为安全画面使用。比如，在主机位和副机位都出现问题的情况下，导播可以一键切换到三号机位的安全画面，这样的设置会让直播更加安全。Roland VR-1HD 切换台也可以切换音频，但是出于简化连接方案的考虑，本套方案还是将画面和声音的最终管理权交给了 OBS 软件。（图 5-23）

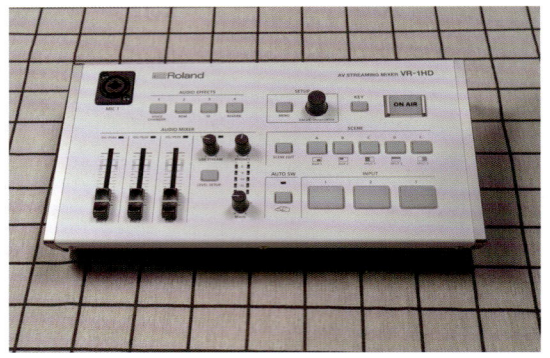

▲ 图 5-23

为了让导播拥有更好的操控体验，本方案使用华硕 PA148CTV 显示器作为扩展显示器，也可以作为切换台的监视器，因为 PA148CTV 显示器有一路 Micro HDMI 输入和两路 USB-C 输入，所以只要提前把 PA148CTV 显示器同时连接到电脑和切换台上，就能同时实现切换台设置、切换台监看和电脑拓展等功能，这将极大地简化导播台的设备。（图 5-24）

▲ 图 5-24

主播的声音由 RØDE Wireless GO II 无线麦克风采集，麦克风可以先通过数字方式连接，再使用 USB 线直接连接到电脑上即可。（图 5-25）

▲ 图 5-25

5.4 高阶带货直播间设置

更专业的带货直播间需要进一步提升画质和摄像机的稳定性，同时要有更加稳妥的供电方案。在产品拍摄上需要提升运镜水准，在产品特写上也需要有更佳的表现力。为了让带货直播的影响力进一步扩大，需要引入多平台推流的直播方案。

5.4.1 高阶带货直播案例一

高阶带货直播案例一适合有多平台推广需求的主播，同时兼顾了绿幕抠像功能。（图5-26）

【视频】高阶带货直播案例一解读

▲ 图 5-26

直播设备

直播方案：横屏直播

摄像机（镜头）：佳能 EOS R5（RF24-105mm F4 L IS USM）、佳能 XA45

三脚架：MK190XPRO4-3W 190系列铝合金四节专业三脚架套装一个、MVK504XSNGFC 504X & 碳纤维单管快开脚架一个

灯光方案：Aputure LS C300d II 两盏、amaran 200d/x 两盏、Light Dome II 抛物线柔光箱两个、Lantern 球形柔光箱两个、灯架 4 个

音频方案：RØDE Wireless GO II 无线麦克风一套、Mackie MC-350 监听耳机一副

视频切换与直播推流：云犀 BOX 4.0 直播盒子一台

电脑：笔记本电脑一台

色彩管理：datacolor SpyderCheckr 48、datacolor SpyderCheckr Photo

其他：绿幕一个、导播桌一张

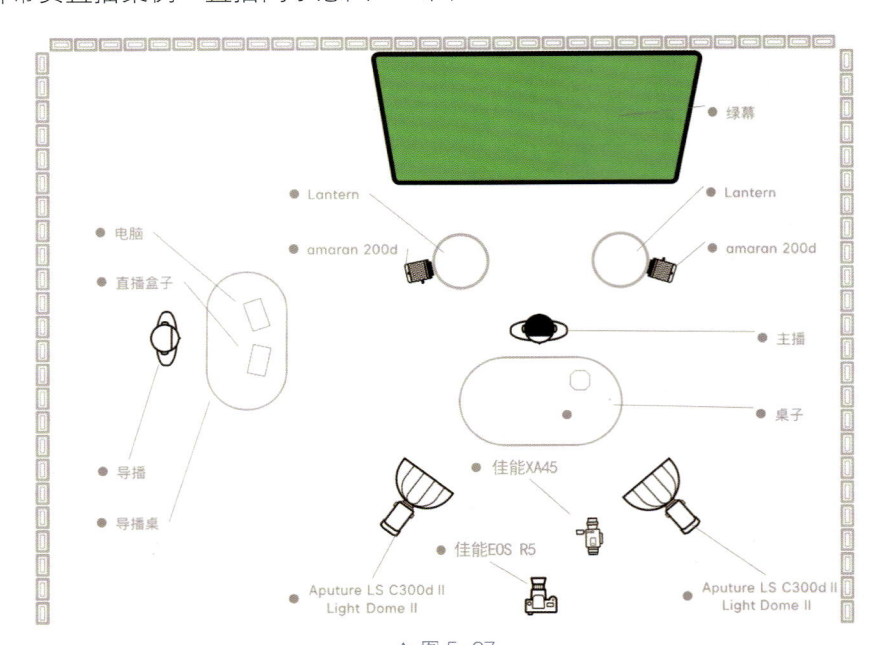

高阶带货直播案例一直播间示意图。（图 5-27）

▲ 图 5-27

　　这套方案可以实现多平台推流直播和实时抠像，并且在直播过程中能够实现运镜和平滑变焦。同时，整个直播的推流、画面切换与音频管理均无须电脑操作，仅用一台专业的直播盒子就可以完成，直播所需的视频资料可以放置在 SD 卡中，直播时可以随时调用。这套方案所需的人员配置为主播、导播和摄影师。

　　这套方案依旧以全画幅微单相机佳能 EOS R5 作为主机位拍摄，主机位为固定画面。由于带货直播中存在产品特写拍摄，因此在产品展示环节中，主播可能会用手拿着产品，或者用手操作产品，这对摄像机的变焦和对焦性能有着很高的要求，使用自带镜头的数码摄像机会更加方便。佳能 XA45 这类搭载小型传感器的数码摄像机拥有惊人的平滑变焦性能，非常适合拍摄产品特写画面，结合曼富图 504X 液压摄像云台可以实现平稳顺滑的运镜效果，即便是在摄像机处于长焦特写的拍摄模式下，这个液压云台也能实现丝滑的运镜手感。因为要实现绿幕抠像功能，所以使用了和进阶带货直播案例二类似的分区布光方案。

　　整套方案的视频和音频管理均由云犀 BOX 4.0 直播盒子负责，所有的视频信号和音频信号均连接到云犀 BOX 4.0 直播盒子上，画面切换只需在触摸屏上点击相应的视频源即可完成，这款直播盒子可以很方便地设置画中画与分屏画面，绿幕抠像也能一键完成，声音管理的界面类似于调音台，将音频设置为 RØDE Wireless GO II 无线麦克风即可。在直播过程中，如果需要展示产品的广告片，那么只需把广告片保存到 SD 卡中，就可以任意调用直播盒子所插 SD 卡中的视频素材了。云犀 BOX 4.0 直播盒子有 SIM 卡、Wi-Fi 和网线这 3 种网络连接方案。这套方案可以再配备一台电脑，导播可以在直播前使用这台电脑创建直播间，以及在各个平台监看直播推流效果。这套方案在直播前还需要查看直播盒子的剩余流量是否够用。（图 5-28）

▲ 图 5-28

5.4.2 高阶带货直播案例二

高阶带货直播案例二可以满足有极高画质需求的主播。这套方案不仅能够实现统一画质的双机位画面，还能带来不妥协的画面质感。（图 5-29）

【视频】高阶带货直播案例二解读

▲ 图 5-29

直播设备

直播方案：横屏直播

摄像机（镜头）：佳能 EOS R5（RF70-200mm F2.8 L IS USM）、佳能 EOS C70（RF15-35mm F2.8 L IS USM、EF 24-70mm F2.8L II USM——搭配 EF-EOS R 0.71× 转接环）

三脚架：MK190XPRO4-3W 190 系列铝合金四节专业三脚架套装一个、MVK504XSNGFC 504X & 碳纤维单管快开脚架一个

灯光方案：Aputure LS C300d II 两盏、Aputure Nova P300c 一盏、Light Dome II 抛物线柔光箱两个、灯架 3 个、台灯一套

音频方案：RØDE Wireless GO II 无线麦克风一套、Mackie MC-350 监听耳机一副

视频切换与视频采集：Roland VR-1HD 切换台一个

电脑：笔记本电脑一台

显示器：华硕 PA148CTV 显示器一台

直播推流：电脑 OBS 软件

色彩管理：datacolor SpyderCheckr 48、datacolor SpyderCheckr Photo

其他：TILTA C70 套件、影宸供电系统 YC-VP1、导播桌一张

高阶带货直播案例二直播间示意图。（图 5-30）

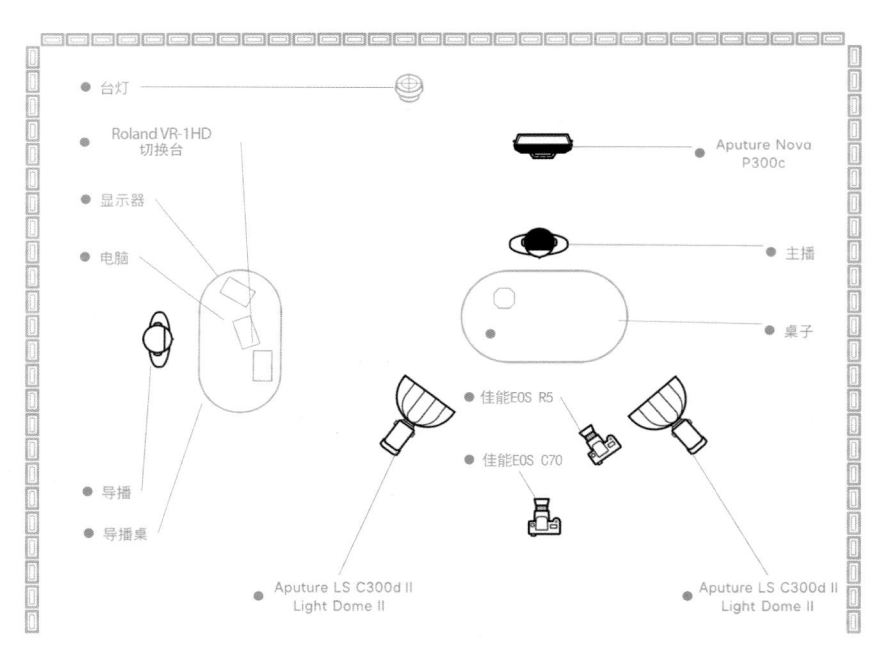

▲ 图 5-30

这套方案将直播画质提升到电影级别，并且可以实时调色，搭配专业液压云台提升了运镜品质。专业的带货直播对摄像机的稳定运行和电力的持续供应提出了全新的要求。本

方案通过专业的 RGB 彩灯打造了高度自定义的直播间灯光系统。视频切换由独立的切换台负责。电脑搭载 OBS 软件推流，在直播画面布局和直播画面调用上都拥有极高的自由度。因为考虑到成本控制，所以主机位佳能 EOS C70 数字电影摄像机通过 EF-EOS R 0.71× 转接环转接 EF 卡口镜头。这套方案所需的人员配置为主播、导播和摄影师。

为了追求一眼就能感知到的画质差别，本方案以佳能 EOS C70 数字电影摄像机作为主机位拍摄，数字电影摄像机的优势在于拥有极高的宽容度，但仅拥有较高的宽容度还不足以拍摄出电影般的画面质感，这时需要将 EOS C70 的曲线设置为 Canon Log 2，在 Look File 中通过加载各种 3D Lut 就能实现直播画面实时调色功能，直播画面色彩就如同电影一般。（图 5-31）

▲ 图 5-31

高阶的直播对稳定持久的电力供应有着更高的要求，虽然佳能 EOS C70 可以搭载大电池使用，也可以使用交流电源供电，但是为了进一步提升用电安全、降低停电对直播的影响，还是建议使用影宸供电系统。这套供电系统可以安装在 TILTA（铁头）的 C70 套件上，供电系统在外挂 V 口电池时能为佳能 EOS C70 提供更加持久的续航。同时，影宸供电系统拥有 D-Tap、DC、USB-A、USB-C 等多种电源输出接口，此时如果通过铁头的 C70 套件安装监视器、无线图传、麦克风等设备，也能通过这套供电系统供电。（图 5-32）

【视频】TILTA C70 套件与影宸供电系统介绍

- 153 -

▲ 图 5-32

　　拍摄特写画面的佳能 EOS R5 相机在安装 RF70-200mm F2.8 L IS USM 镜头后，整套拍摄系统的重量增加，为了提升运镜的平滑程度，可以使用曼富图 504X 液压摄像云台和碳纤维单管快开脚架套装作为支撑结构，一是因为其整体轻盈，方便快速收纳和移动，二是因为 504X 液压摄像云台可以实现丝滑的运镜体验，能够提升产品特写的运镜品质。（图5-33）

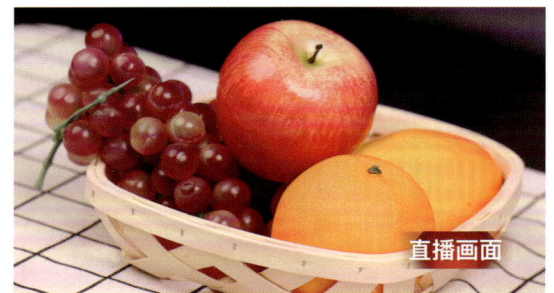

▲ 图 5-33

　　同样，直播间的灯光也做了升级。主光由两盏 350W 的 Aputure LS C300d II 负责，在增加 Light Dome II 抛物线柔光箱之后，不仅能提供亮度充足、质感优秀的面光，还能兼顾桌面商品的补光。主播身后的背景光由一盏 360W 的 Aputure Nova P300c 彩色平板灯负责，大功率 RGB 彩灯能够实现高亮且均匀的彩色背景染色效果，这绝非小功率 RGB 彩灯能够实现的。高阶带货直播间要达到让人眼前一亮的目的,这种一眼就能感知到的不同不仅来自高品质的灯光效果,还和电影般的画面质感密不可分,再结合专业的画面切换,就能够呈现更好的商品质感,从而提高商品销量。(图 5-34)

▲ 图 5-34

第 6 章　网课直播

从知识付费开始，网友就逐渐接受了网络授课这种形式。网课盛行的原因一方面是可以解决特殊情况的远程教育问题，另一方面是可以让更多网友利用碎片时间学习知识和技能。这些课程的内容包罗万象，除了我们熟悉的校园教学课程，如语文、数学、外语等，还包括高等院校的专业学科、职场的社交礼仪与常用外语、家庭育儿知识，以及各种兴趣爱好类教学课程。这些课程的教学都能在直播间以网课的形式展现，讲师需要掌握如何快速搭建直播间、如何提升音质、如何提升画质、如何多画面展示等一系列知识，如果一门网课足够重要，那么还需要考虑如何提升网课直播的品质。本章我们将重点介绍网课直播间的搭建方案。

6.1 网课直播系统规划

网课直播和带货直播不同，所以在直播间的搭建方面也有诸多区别，在明确直播间的用途和直播效果前，了解以下信息有助于快速搭建网课直播间。

1. 直播间的面积有多大？
2. 站播还是坐播？
3. 讲师在直播中是否需要移动？
4. 横屏直播还是竖屏直播？
5. 对直播画质有哪些要求？
6. 是否需要单独展示课件？
7. 是否需要单独演示手部动作（如做实验、乐器演奏等）？
8. 是否需要多机位？
9. 是否需要抠像？
10. 直播中的人声采集需要达到什么效果？
11. 是否需要专职导播？
12. 是否需要专职运营？
13. 直播间的预算是多少？

在明确上述信息后就可以着手搭建网课直播间了，网课直播主要展现的是讲师个人的直播风采，其中包括讲师的出镜效果和语音质感。当然，简洁高端的灯光氛围也能提升网课直播间的呈现效果。课件展示的方法有很多，成本和效果也各不相同，下面我们从简到繁逐一进行讲解。

6.2 入门网课直播间设置

很多讲师一开始直播使用的都是手机或笔记本电脑，并且是用手机或笔记本电脑内置的镜头拍摄，用各自设备内置的麦克风采集声音，用家庭照明灯光进行补光，这的确是最快捷方便的网课直播方案，但缺点也很明显，直播间的画质、讲师的出镜效果和声音效果都不佳，从画面观感上很难让学员一眼就产生信赖感，特别是对经营网课的讲师来说，这些问题带来的影响不小。

6.2.1 入门网课直播案例一

入门网课直播案例一的场景是极简的知识分享类直播间场景，不仅能够轻松实现合格的画面和声音表现力，还非常容易搭建。（图6-1）

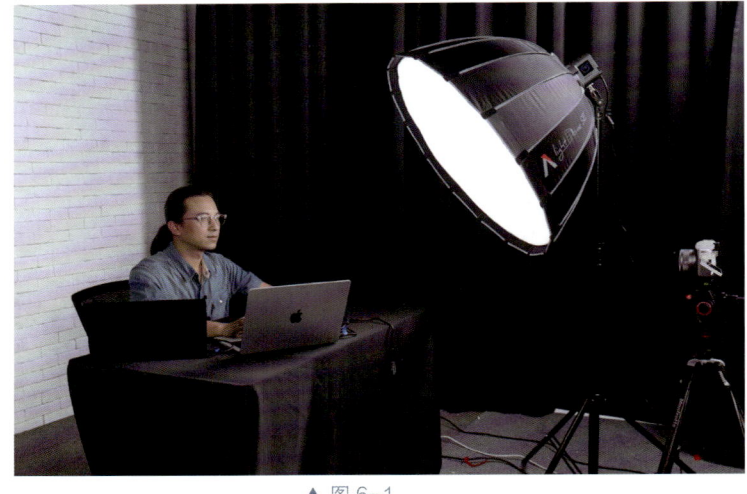

▲ 图6-1

【视频】入门网课直播案例一

【视频】入门网课直播案例一解读

直播设备

直播方案：横屏直播

摄像机（镜头）：佳能 EOS M50 Mark II（EF-M 15-45mm f/3.5-6.3 IS STM）

三脚架：MVKBFRT-LIVE Befree 旋锁三脚架套装一个

灯光方案：amaran COB 60d/x 一盏、Light Dome SE 柔光箱一个、灯架一个

音频方案：RØDE Wireless GO II 无线麦克风一套、入耳式监听耳机一副

视频切换与直播推流：电脑 OBS 软件

视频采集：视频采集卡

电脑：笔记本电脑一台

显示器：华硕 PA148CTV 显示器一台

其他：主播桌一张

入门网课直播案例一直播间示意图。（图 6-2）

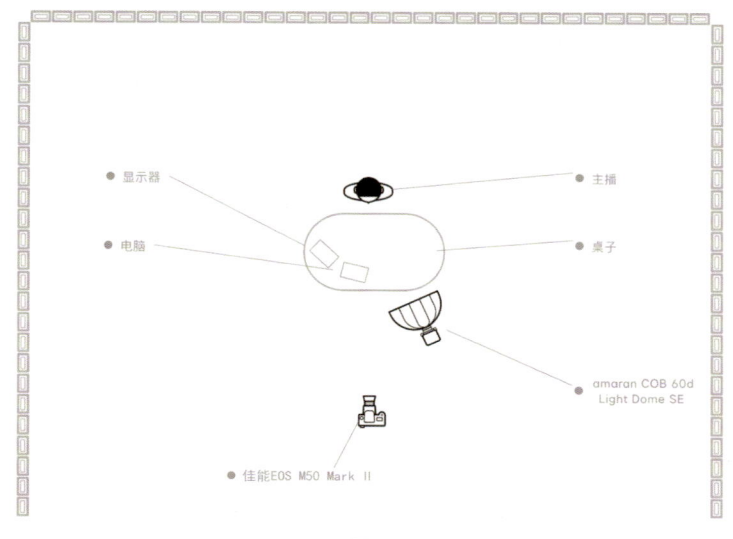

▲ 图 6-2

这套方案是适合讲师个人出镜和课件展示的双画面直播方案，并且能实现画中画展示效果，相比仅用笔记本电脑直播，本方案全面提升了直播间的画质、音质和灯光品质。这套方案的搭建难度很低，适合大多数初次搭建直播间的讲师。

讲师出镜画面由佳能 EOS M50 Mark II 微单相机和 EF-M 15-45mm f/3.5-6.3 IS STM 套机镜头拍摄，这是一套轻巧的拍摄器材，但能带来优秀的画质，特别是在人物肤质和肤色方面的表现力很好，与之搭配的也是轻便易收纳的云台三脚架组合。（图 6-3）

▲ 图 6-3

很多网课直播会在书房或卧室的书桌旁进行，65W 的 COB 点光源灯光能够满足小尺寸直播间的补光需求，一盏 amaran COB 60d 结合 Light Dome SE 柔光箱就能实现柔和的光线效果，这套灯光方案非常适合在 5m² 左右的空间内为上半身人物补光。（图 6-4）

考虑到在讲课过程中可能会有手部动作及肢体动作，所以无线麦克风更适合此类使用场景。RØDE Wireless GO II 无线麦克风可以通过 USB 接口连接到电脑上，也可以通过音频线连接到相机上。

Mac 和 PC 上均可以安装免费的 OBS 推流软件，在设置输入、输出、场景和推流码后就可以进行直播了，很多直播平台软件也拥有类似的功能。

相机的 HDMI 接口无法直接和电脑连接，需要通过一个视频采集卡才能将相机的信号传输到电脑中。目前，有一些相机品牌推出了用于连接电脑和相机的 App，可以让电脑把相机识别为一个网络摄像头。不过，此类方案大多只能让电脑接收到一个 720p 的画面，而非 1080p。

由于网课直播时，不仅有展示课件的需求，还有实时查看直播效果的需求，因此两台显示器操作起来要比一台显示器方便很多。为了让桌面更加简洁，推荐使用笔记本电脑和便携显示器的组合方案。（图 6-5）

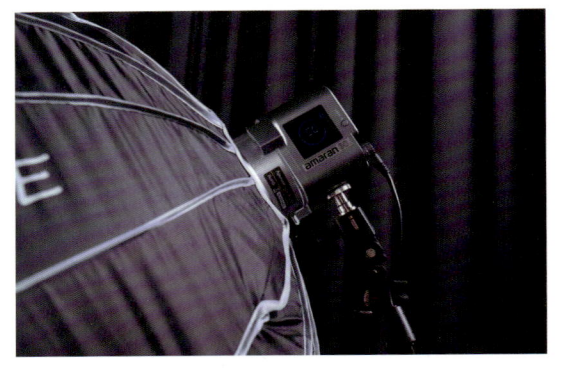

▲ 图 6-4

▲ 图 6-5

6.2.2 入门网课直播案例二

入门网课直播案例二的场景和上一个场景类似，区别主要是将横屏直播变为竖屏直播，这主要是为了适配不同直播平台对画面规格的不同要求。（图 6-6）

▲ 图 6-6

【视频】入门网课直播案例二解读

直播设备

直播方案：竖屏直播

摄像机（镜头）：佳能 EOS M50 Mark II（EF-M 15-45mm f/3.5-6.3 IS STM）

三脚架：MVKBFRT-LIVE Befree 旋锁三脚架套装一个

灯光方案：amaran COB 60d/x 一盏、Light Dome SE 柔光箱一个、灯架一个

音频方案：RØDE Wireless GO II 无线麦克风一套、入耳式监听耳机一副

视频切换与直播推流：云犀 MIX 直播一体机一台

其他：主播桌一张

入门网课直播案例二直播间示意图。（图 6-7）

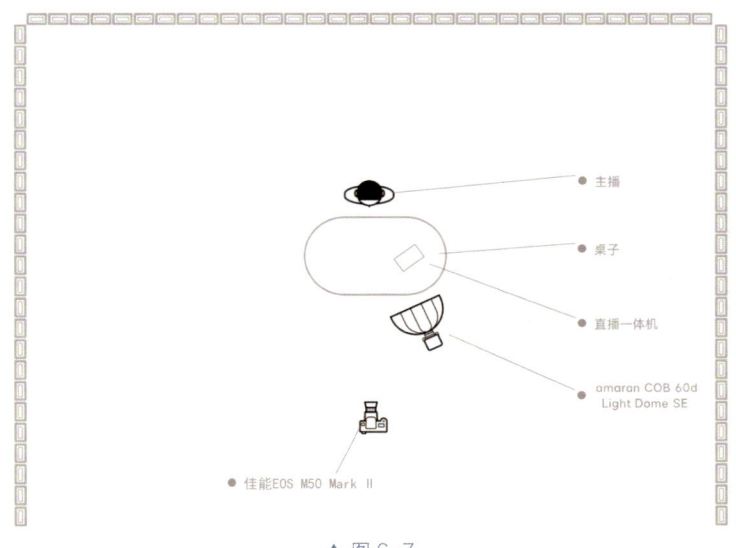

▲ 图 6-7

这套方案适合在大众直播平台上进行，桌面器材相对简洁，操作也比较简单，基本属于架好相机就能直播的方案。讲师使用这套方案直播同样能实现双画面切换与画中画展示效果，并且直播过程中无须使用电脑。

本方案中的摄像机、音频和灯光方案与上一套方案相同，所以直播间的画质、音质和灯光品质是一样的，区别在于本方案为竖屏直播。曼富图 Befree 三脚架套装的云台可以竖直安装佳能 EOS M50 Mark II 微单相机。（图6-8）

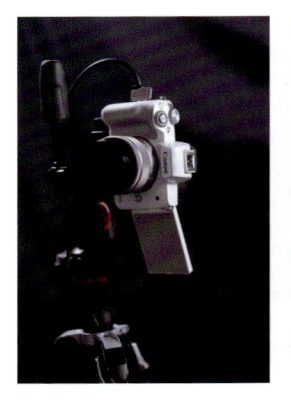

▲ 图6-8

RØDE Wireless GO II 无线麦克风安装在相机或直播一体机上均可，如果讲师希望在网课直播时操作更便捷，能拥有像手机一样的操控体验，那么直播一体机无疑是比电脑更简单的设备。课程需要的课件可以提前通过后台传送到直播一体机中，画面可以由讲师通过触摸屏切换操作，如果需要，直播一体机也能实现实时绿幕抠像功能，这对以课件画面为主、讲师只占据画面一角的网课直播很有帮助。这套方案的优势是讲师的桌面非常简洁，只有一台直播一体机，并且在直播过程中可以实时观看学员互动的弹幕信息，直播互动更加便捷。在使用本方案进行网课直播时，需要将课件做成竖版，而非常用的横版，这样能更有效地利用直播画面。（图6-9）

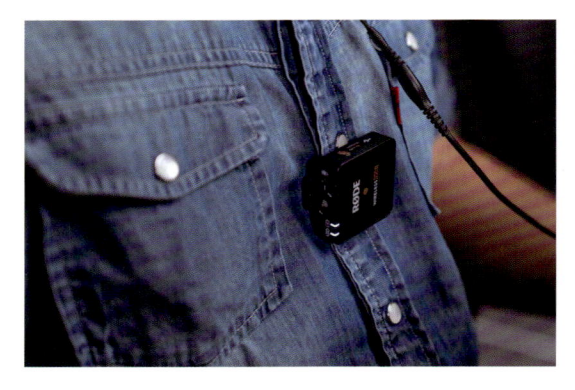

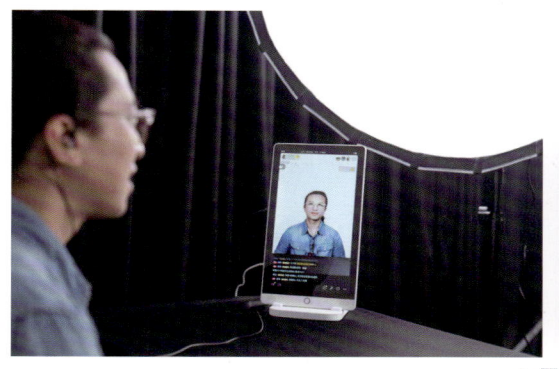

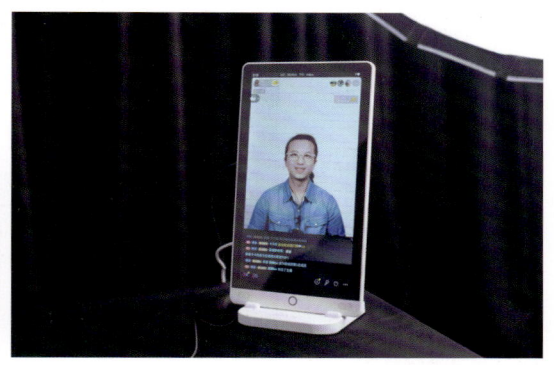

▲ 图 6-9

6.3 进阶网课直播间设置

入门网课直播案例可以满足很多讲师在家或者在工作室内授课的需求，如果讲师对自己的出镜画面有更高的要求，希望实现更好的人声品质，或者拥有多画面切换功能，就需要对直播间进行升级。

6.3.1 进阶网课直播案例一

进阶网课直播案例一重点提升了主播的出镜画质，同时实现了宽敞的直播界面。在网课直播的过程中，主播的操控会更从容。（图 6-10）

▲ 图 6-10

【视频】进阶网课直播案例一解读

直播设备

直播方案：横屏直播

摄像机（镜头）：佳能 EOS R5（RF24-105mm F4 L IS USM）

三脚架：MK190XPRO4-3W 190 系列铝合金四节专业三脚架套装一个

灯光方案：amaran 200d/x 两盏、amaran 100d/x 一盏、Light Dome SE 柔光箱一个、Lantern 球形柔光箱两个、灯架 3 个

音频方案：RØDE NT-USB Mini 麦克风一支、RØDE PSA+ 悬臂一套、入耳式监听耳机一副

视频切换与直播推流：电脑 OBS 软件

电脑：笔记本电脑一台

显示器：华硕 PA32UCR 显示器一台

其他：主播桌一张

进阶网课直播案例一直播间示意图。（图 6-11）

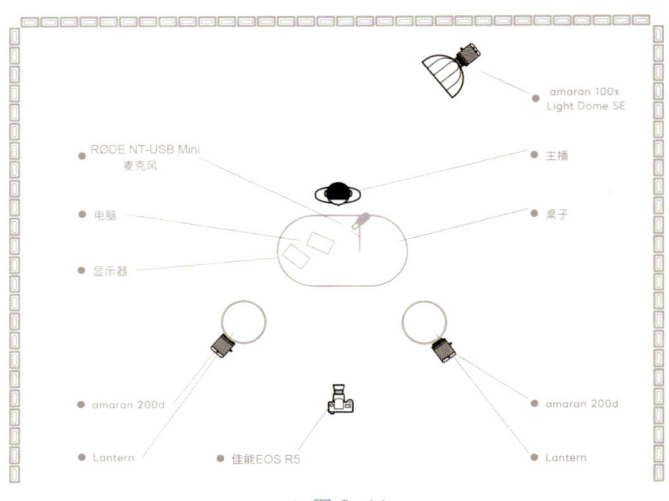

▲ 图 6-11

这套方案提升了讲师的出镜画质、面光层次、人声品质和抗噪声能力，进阶网课直播间需要让人眼前一亮，这几方面提升带来的音画升级会让讲师的网课直播更加出彩。

本方案升级的重点是讲师的出镜画质，将佳能 EOS R5 专业微单相机作为画面采集设备，全画幅相机带来的细腻画质能够实现不妥协的画面效果。为了匹配佳能 EOS R5 微单相机和 RF24-105mm F4 L IS USM 镜头的拍摄组合，使用了曼富图 190 系列铝合金四节专业三脚架套装作为支撑。（图 6-12）

▲ 图 6-12

灯光也是本方案升级的重点，两盏 250W 的 amaran 200d 结合球形柔光箱能为人物营造柔和的灯光氛围，这两盏主光主要是满足讲师和背景的补光需求，球形柔光箱对摆放位置没有特别苛刻的限制，这对没有专业补光技术的人来说非常友好。为了使人物更具立体感，除了可以精心调整两盏主光的光比，还可以使用一盏 130W 的 amaran 100x 为人物增加轮廓光。这套灯光方案能够为讲师打造细腻、立体、精致的光线。（图 6-13）

▲ 图 6-13

很多网课在直播过程中，难免会使用发出噪声的空调，屋外的噪声也会对直播造成很大的影响，使用 USB 麦克风就能有效地解决这些问题，通过使用 RØDE PSA+ 悬臂支撑的麦克风也能有效地避免讲师在授课过程中敲击键盘时所产生的噪声。（图 6-14）

直播画面依旧是先通过相机连接视频采集卡再连接电脑的 USB 接口呈现的，同时麦克风也要连接到电脑的 USB 接口上。直播时使用 OBS 软件作为推流方案。

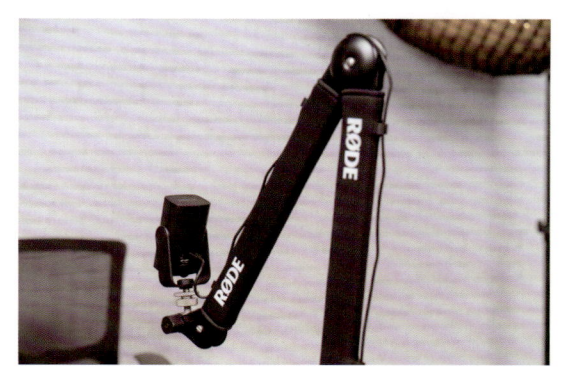

▲ 图 6-14

这套方案可以实现讲师主画面和课件画面的双画面展示效果。考虑到网课体验，建议使用大尺寸专业显示器作为内容显示的设备。比如，华硕专业显示器 PA32UCR，32 寸屏幕结合 4K 分辨率能够在桌面平铺很多内容，即便课件使用桌面采集和显示器采集的方案，也不会影响课件清晰度。PA32UCR 显示器用 USB 线就能连接，并且自带诸多 USB 接口，如果你的电脑接口并不丰富，那么也能把这台显示器当作扩展坞来使用，用来连接硬盘、U 盘、声卡、麦克风和视频采集卡等设备。（图 6-15）

▲ 图 6-15

6.3.2 进阶网课直播案例二

进阶网课直播案例二在保证讲师高画质出镜的同时，增加了第 2 机位，这为网课直播的内容表达带来了更多可能性。（图 6-16）

▲ 图 6-16

【视频】进阶网课直播案例二

【视频】进阶网课直播案例二解读

直播设备

　　直播方案：横屏直播

　　摄像机（镜头）：佳能 EOS R5（RF24-105mm F4 L IS USM）、佳能 XA45

三脚架：MK190XPRO4-3W 190 系列铝合金四节专业三脚架套装一个、MVK504XS-NGFC 504X & 碳纤维单管快开脚架一个

　　灯光方案：amaran 200d/x 一盏、amaran 100d/x 两盏、Light Dome SE 柔光箱一个、Lantern 球形柔光箱两个、灯架 3 个

　　音频方案：RØDE PodMic 麦克风一支、RØDE PSA+ 悬臂一套、RØDECaster Pro 或 RØDECaster Pro II、入耳式监听耳机一副

　　视频切换与视频采集：Roland VR-1HD 切换台一个

　　直播推流：电脑 OBS 软件

　　电脑：华硕 PA90 电脑一台、笔记本电脑一台

　　显示器：华硕 PA32UCR 显示器一台

　　色彩管理：datacolor SpyderCheckr 24、datacolor SpyderCheckr Photo

　　其他：导播桌一张

　　进阶网课直播案例二直播间示意图。（图 6-17）

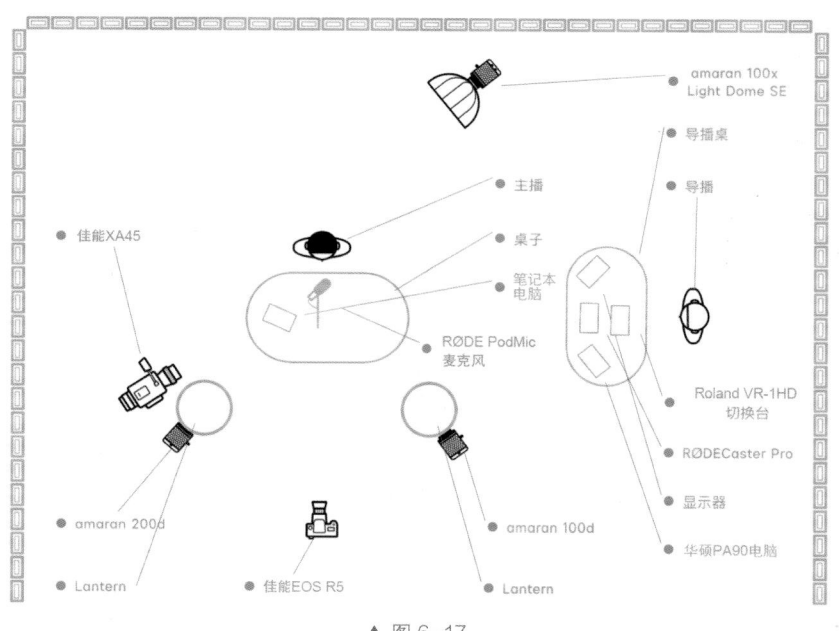

▲ 图 6-17

　　这套方案增加了第 2 机位，这个机位可以拍摄讲师的手部动作，或者提供一个差异化的视角。更加进阶的网课直播方案可以在实现第 1 机位与第 2 机位切换的同时，展示课件和音 / 视频素材，为了实现这些功能，本方案中增加了视频切换台和调音台设备。因为所有的设备都需要连接电脑，所以这对电脑的接口数量和运算性能提出了全新的考验，这里建议使用性能强大的台式电脑。本方案所需的人员配置为讲师、导播和摄影师。

　　本方案在使用画质优异的佳能 EOS R5 专业微单相机的同时，引入了第 2 机位，这个

机位由佳能 XA45 数码摄像机承担，负责这台摄像机拍摄的摄影师可以实现平顺变焦和运镜的操作，这个灵活的机位可以实时捕捉讲师的手部动作。因为是双机位直播，所以在直播前需要使用专业的色卡对摄像机进行白平衡校准，这样才能最大程度地匹配两台摄像机的颜色。（图 6-18）

▲ 图 6-18

灯光方案和进阶网课直播案例一类似。在音频方案中，使用了抗干扰能力更强的 RØDE PodMic 动圈麦克风，这支麦克风拥有较好的近场录音性能，可以将大部分室外的噪声和室内的设备噪声过滤掉。由于这套方案可以在课件和案例方面展示更多的音/视频文件，因此使用造型酷似调音台的 RØDECaster Pro 播客一体机更为方便，音量操控也更加直观、精准。（图 6-19）

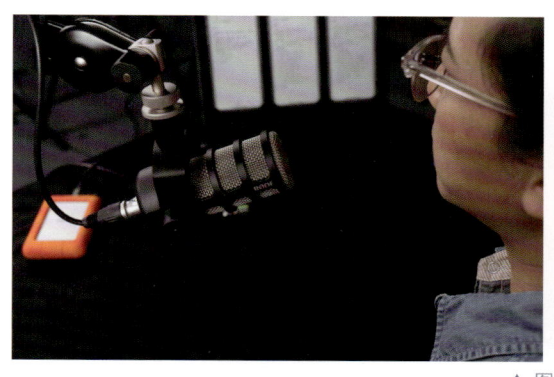

▲ 图6-19

这套方案中的电脑是重要设备之一,这台电脑需要具备直播推流、直播录制、课件播放、音/视频文件播放、网页端直播回放查看、信息查询等功能,所以需要一台性能足够强大的电脑才能保证流畅地运行。面向影视工作者和设计师的华硕PA90是不错的选择,如果追求简洁的桌面,那么可以选择设计师和影视剪辑工作者使用的专业显示器,如32寸的4K显示器PA32UCR。在这套方案中,可以让电脑和视频切换台共用一台显示器,在二分屏模式下,将这两个画面同时展示到显示器中,因为华硕PA32UCR显示器支持同时接入4个画面,所以在四分屏模式下,可以把一路电脑画面和三路视频切换台画面同时接入PA32UCR显示器,其中每个画面都能实现16寸1080p分辨率,这样的搭配将极大地简化直播系统。(图6-20)

▲ 图6-20

6.4 高阶网课直播间设置

有些网课直播除了要展示极高的画质,还要展示丰富的机位,并且需要通过画面展示出高级感,特别是对精品课程和公开课的直播而言,更是需要在这些方面下足功夫。在高阶网课直播中也需要进一步提升设备的耐用度，防止出现因设备过热或长时间工作导致的不稳定情况。

高阶网课直播案例

高阶网课直播案例能够实现非常有格调的画面表现力，因为加入了自动化运镜系统，所以网课呈现的画面很有质感。（图6-21）

▲ 图6-21

直播设备

　　直播方案：横屏直播

　　摄像机（镜头）：佳能 EOS R5（RF24-105mm F4 L IS USM）、佳能 EOS C70（RF15-35mm F2.8 L IS USM）、佳能 XF605

　　三脚架：MK190XPRO4-3W 190 系列铝合金四节专业三脚架套装一个、MVK504XSNGFC 504X & 碳纤维单管快开脚架一个

　　滑轨：曼富图滑轨+Genie One 电控云台

　　灯光方案：amaran 200d/x 两盏、amaran P60c 两盏、Lantern 球形柔光箱两个、灯架 4 个

　　音频方案：RØDE NT2-A 麦克风一支、RØDE PSA+ 悬臂一套、RØDECaster Pro 或 RØDECaster Pro II、入耳式监听耳机一副

　　视频切换：Roland V-1HD+ 切换台一个

　　视频采集：视频采集卡

　　直播推流：电脑 OBS 软件

　　电脑：华硕 PA90 电脑一台、笔记本电脑一台

显示器：华硕 PA32UCR 显示器一台

色彩管理：datacolor SpyderCheckr 24、datacolor SpyderCheckr Photo

其他：导播桌一张

高阶网课直播间示意图。（图 6-22）

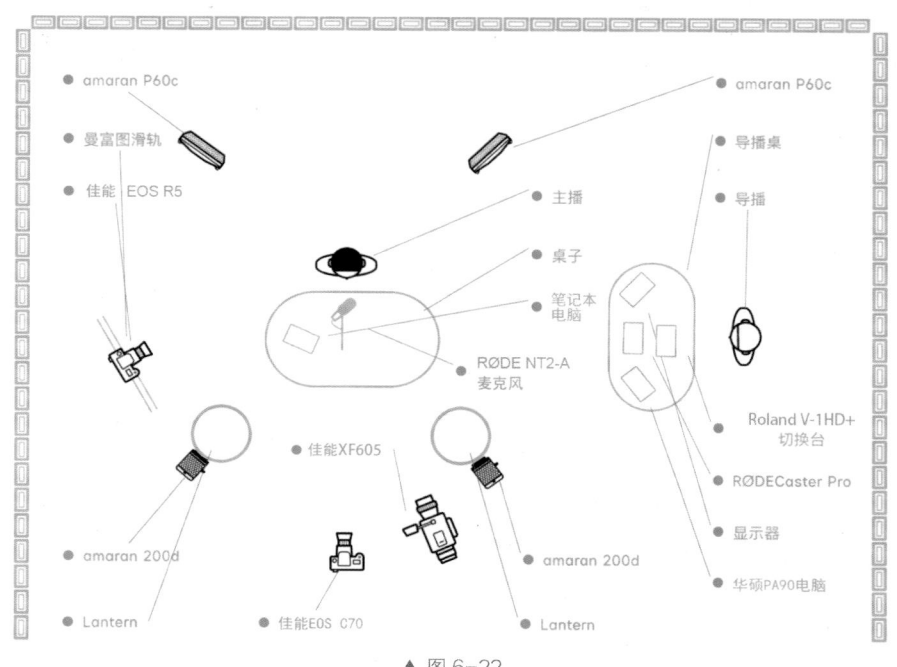

▲ 图 6-22

　　这是一套三机位的高阶直播方案，为了突出画面质感，引入了能够自动运镜的电控滑轨，这个设备在节约人力的同时，能够实现平顺的运镜，这是实现画面高级感的方案之一。本方案安排了一个高品质的机动机位，这个机位由摄影师掌镜，可以随时追踪拍摄讲师的手部特写动作。因为是非常重要的直播，所以直播设备的稳定性也至关重要，本方案使用的佳能 EOS C70、XF605 都是广播级设备，能够满足高强度使用的需求。Roland V-1HD+ 切换台是一款纯视频切换台，坚固的机身和良好的散热性能使其能在专业的直播中稳定的工作。本方案所需的人员配置为讲师、导播和摄影师。

　　本方案的 3 个机位均能实现高品质的画面输出，主机位佳能 EOS C70 拥有双增益成像系统，在使用 Canon Log 2 拍摄时能够实现最高 16+ 档的动态范围，结合 Look File 功能还能够实现实时调色功能，这将极大地提升直播画面的品质。（图 6-23）

▲ 图 6-23

曼富图滑轨结合 Genie One 电控云台可以组建一套移动机位拍摄方案，通过手机 App 可以很方便地设置 AB 点，并且可以设置移动机位在 AB 点之间往复运动。移动机位画面由佳能 EOS R5 微单相机拍摄，这是一台画质细腻的相机，搭载 RF24-105mm F4 L IS USM 镜头相对轻巧，Genie One 电控云台承载这套设备也能轻松完成丝滑的移动拍摄。（图 6-24）

▲ 图 6-24

机动机位建议使用佳能 XF605 这类广播级摄像机，这类摄像机不仅能够长时间、高强度的使用，还能够实现稳定的画面输出。这类摄像机通常都拥有宽广的变焦范围，变焦时依旧能实现稳定的对焦表现，特别适合机动机位。为了使机动机位拥有更好的运镜配置，所以为其搭配了曼富图 504X 液压摄像云台和碳纤维单管快开脚架套装。（图 6-25）

▲ 图 6-25

本方案的布光思路是使用两盏 amaran 200d 灯光结合 Lantern 球形柔光箱营造明亮柔和的灯光氛围，这两盏灯光足够填充整个直播间。两盏 RGB 彩灯再为背景稍做染色点缀效果，网课直播间就能呈现出明亮简洁的灯光效果了。（图 6-26）

▲ 图 6-26

由于本方案使用了 3 个机位，再加上讲师的课件，一共可以实现 4 机位切换，因此为了实现高效的视频切换效果，讲师的课件需要从电脑的 HDMI 接口视频输出至导播台，这样能够降低推流电脑的压力，也能提升切换效率。因为提高了直播要求，所以直播安全也变得尤为重要，Roland V-1HD+ 切换台能够在同一个界面中查看每一路输入源的预监画面、直播画面和热键中的画面。为了使桌面足够简洁，可以使用华硕 PA32UCR 专业显示器兼顾监视器的用途，这台 32 寸的 4K 专业显示器可以设置为左右分屏或者画中画模式，这样就能同时显示推流电脑和切换台的画面了。推流电脑使用的是性能强大的华硕 PA90 设计师电脑，这台电脑的接口非常丰富，能够同时连接大量的专业设备。讲师的课件由另一台笔记本电脑播放。（图 6-27）

▲图 6-27

特别提示：在使用 3 机位直播方案前，最好给摄像机做一次自动黑平衡，之后再使用 datacolor 色卡自定义 3 台摄像机的白平衡。（图 6-28）

▲图 6-28

第 7 章 技能直播

本章主要介绍技能与兴趣爱好类直播间的搭建方案，由于技能与兴趣爱好种类繁多，很难做到面面俱到，因此选择具有代表性的游戏直播、唱歌直播和绘画直播作为典型案例进行讲解。游戏直播的特色是酷炫的灯光效果和游戏画面展示，游戏音频与主播语音的呈现也是需要解决的难题之一。唱歌直播需要解决优质的语音和伴奏添加等一系列音频技术问题。绘画直播需要找到合适的画面呈现效果与简洁的画面切换方案。

7.1 游戏直播规划方案

游戏直播在直播行业中非常重要，很多重要的电竞赛事都会开通直播，这类直播已经朝着高画质和高帧率的方向发展了，很多的电竞赛事直播都达到了 4K 分辨率，并且需要同时处理两个战队的游戏画面、竞技选手画面、游戏解说画面、游戏音频和解说音频等诸多媒体源，有时还需要为游戏的决胜时刻做精彩回放，这样的直播已经超越了个人直播的能力范畴，很多平台也不会给个人开放这样高规格的直播渠道，不过还是有很多游戏爱好者依然能在家中开展专业的高画质直播。

7.1.1 入门游戏直播间设置

入门游戏直播间的搭建思路是用较低的成本实现酷炫的灯光效果，并且能在直播中拾取清晰的游戏主播语音，降低手部操作带来的噪声影响。游戏画面的切换可以使用免费的 OBS 软件，也可以使用游戏直播平台的专用软件。入门游戏直播案例能够实现多变的直播间氛围，也能够满足游戏主播对双画面切换的需求。（图 7-1）

▲ 图 7-1

【视频】入门游戏直播案例

【视频】入门游戏直播案例解读

直播设备

直播方案：横屏直播

摄像机（镜头）：佳能 EOS M50 Mark II（EF-M 15-45mm f/3.5-6.3 IS STM）

三脚架：MVKBFRT-LIVE Befree 旋锁三脚架套装一个

灯光方案：amaran COB 60d/x 一盏、amaran P60c 两盏、Light Dome SE 柔光箱一个、灯架 3 个

音频方案：RØDE NT-USB Mini 麦克风一支、RØDE PSA+ 悬臂一套、电竞耳机一副

视频切换与直播推流：电脑 OBS 软件

视频采集：视频采集卡

电脑：华硕 ROG 电脑主机一台

显示器：华硕 ROG STRIX XG27AQM 电竞显示器一台、华硕 PA148CTV 显示器一台

其他：主播桌一张

入门游戏直播间示意图。（图 7-2）

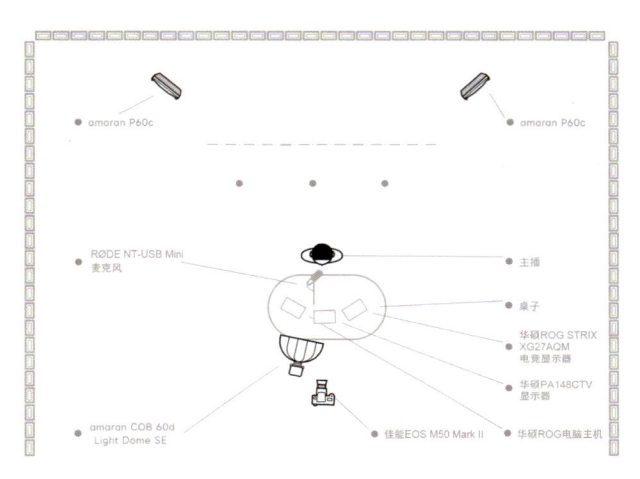

▲ 图 7-2

这套方案使用了一个轻巧的微单相机，搭配其套机镜头能够完美地拍摄主播画面。由于游戏直播间的空间不会太大，因此一盏小功率的 COB 灯光就能满足补光需求。麦克风是游戏直播的一个重点，它既要能清晰收录主播的语音，还不能被键盘和鼠标的声音所干扰。最后需要考虑的就是最重要的游戏电脑了，在游戏直播间使用的电脑除了要有优秀的游戏性能，还要兼顾直播推流，所以建议使用较高配置的电脑。

画面是游戏直播的一个重点，本方案能够实现主播画面和游戏画面的双画面切换，但受制于成本，这个切换工作只能由 OBS 软件完成。拍摄主播的机位由佳能 EOS M50 Mark II 微单相机负责，这台相机多次出现在本书入门级直播案例中，这是因为这台相机不仅小巧方便架设，画质还很优异。（图 7-3）

▲ 图 7-3

65W 的 COB 点光源灯光 amaran COB 60d 结合 Light Dome SE 柔光箱可以实现柔和的光线氛围。如果游戏直播间的层高较低，那么也可以使用轻薄的布灯作为主光，如 amaran F21x。直播间的背景光用两盏 amaran P60c 打造，并放置在主播的身后位置。这 3 盏灯光都可以通过 Sidus Link 这款 App 控制，主播在直播过程中可以随时改变背景光线的特效。酷炫的背景 RGB 彩灯是游戏直播间的特色，其实实现起来并不困难。（图 7-4）

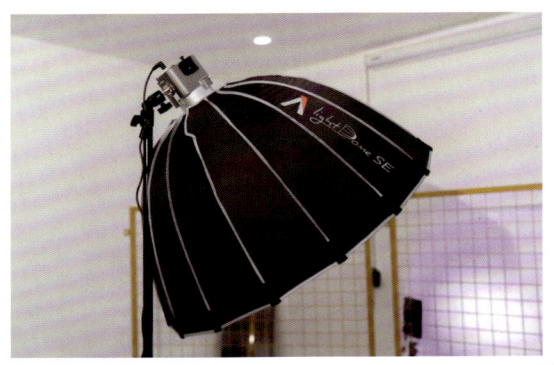

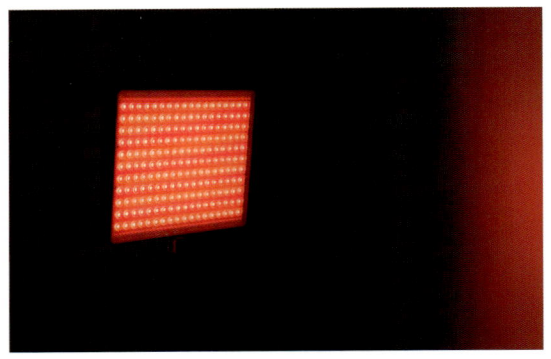

▲ 图 7-4

在游戏竞技过程中，主播需要对游戏进行解说、和队友交流、和粉丝语音互动，RØDE NT-USB Mini 麦克风可以通过悬臂放置于靠近主播嘴部的位置，这样就能最大程度地减少环境噪声的影响，从而拾取到清晰的主播声音。在游戏直播过程中，主播的手部会做出敲击键盘和操作鼠标的动作，机械键盘发出的噪声还是很大的，同时会产生桌面的震动，麦克风悬臂能够有效地降低敲击声和桌面震动对麦克风拾音的影响。（图 7-5）

游戏直播中使用的电脑是整套直播系统的关键。主播在组建电脑系统时，除了要保证 CPU 和显卡的配置能够满足游戏的运行，还要留出直播推流和直播录制占用的显卡算力，所以要尽可能地提升一些配置，因为这台电脑的主要工作是玩游戏，

▲ 图 7-5

所以华硕 ROG 游戏主机是一个很好的选择。视频采集卡、USB 麦克风、键盘和鼠标可以同时连接到华硕 ROG 游戏主机上，此时主机还有多余的接口以备升级版方案使用。

本方案使用了双显示器，一台电竞显示器用于显示游戏界面，另一台相对轻薄的便携显示器用于显示 OBS 推流软件和直播实时画面。本方案使用的电竞显示器是华硕 ROG STRIX XG27AQM，这台 27 Pro 显示器拥有 27 英寸 FAST IPS 面板，分辨率为 2560×1440，具有 270Hz 刷新率，原生灰阶响应时间为 0.5ms，能够轻松应对 3A 游戏大作，用于游戏竞技直播非常合适。在游戏直播过程中，可以使用 OBS 软件设置主播画面和游戏画面相互切换，也可以设置一个画中画，将游戏画面设置为主画面，将主播画面设置为子画面，这样就能同时展示两个画面了。（图 7-6）

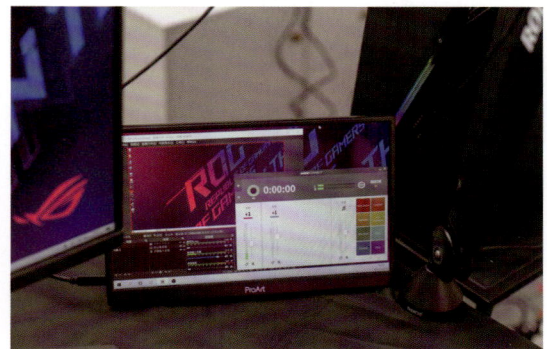

▲ 图 7-6

7.1.2 进阶游戏直播间设置

　　游戏直播间的升级改造可以从画质、音质、灯光品质和操控手感等方面进行，通过这几个方面的升级，观众能直观地感受到直播间的变化。进阶游戏直播案例在上一套方案的基础上全面提升了主播出镜画质、静音表现力和画面切换效率，同时增强了单人操控的手感与性能。（图 7-7）

▲ 图 7-7

【视频】进阶游戏直播案例解读

直播设备

　　直播方案：横屏直播

摄像机（镜头）：佳能 EOS R5（RF24-105mm F4 L IS USM）

三脚架：MK190XPRO4-3W 190 系列铝合金四节专业三脚架套装一个

灯光方案：amaran 100d/x 两盏、amaran P60c 两盏、Aputure AL-MC 若干、Light Dome SE 柔光箱一个、Light Dome Mini II 柔光箱一个、灯架 4 个

音频方案：RØDE PodMic 麦克风一支、RØDE PSA+ 悬臂一套、TASCAM US-4X4HR 声卡一个、电竞耳机一副

视频切换与视频采集：Roland VR-1HD 切换台一个

直播推流：电脑 OBS 软件

电脑：华硕 ROG 电脑主机一台

显示器：华硕 ROG STRIX XG27AQM 电竞显示器一台、华硕 PA148CTV 显示器一台

其他：主播桌一张

进阶游戏直播间示意图。（图 7-8）

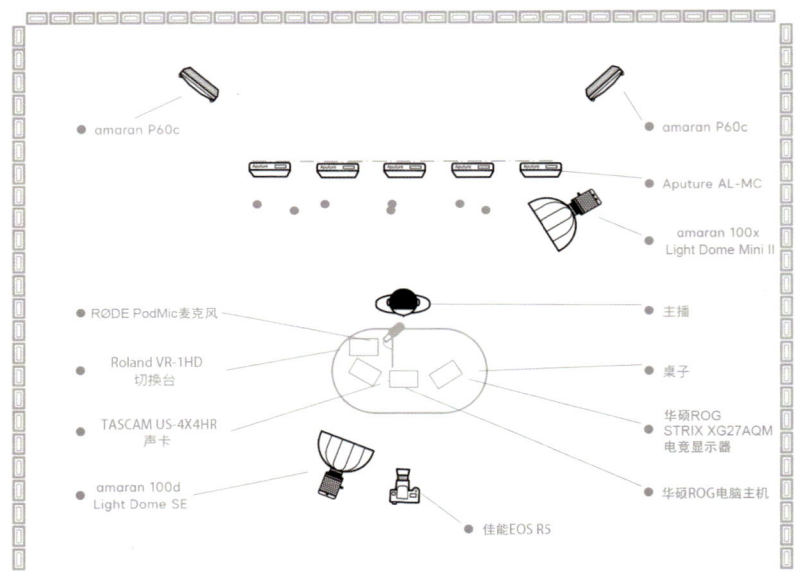

▲ 图 7-8

这套方案全面升级了摄像机画质和灯光品质，灯光的组合玩法更多，可以根据游戏类型和主播心情任意变换直播间的灯光环境，适合专业的游戏主播使用。本方案操作起来更方便，主播一个人就能完成整套系统的操控。

本方案的主机位升级为画质更加细腻的佳能 EOS R5 专业微单相机，主播的出镜效果将进一步提升。（图 7-9）

▲ 图 7-9

为了使游戏主播在出镜时更有立体感，所以在人物布光时使用了夹光方案：主光为一盏 130W 的 amaran 100d，结合 Light Dome SE 柔光箱能够实现柔和的肤质表现；轮廓光由可调色温版的 amaran 100x 营造，将 amaran 100x 的色温设置为 2700K，在使用了安装蛋格的 Light Dome Mini II 柔光箱后，可以为主播的发型和身体轮廓镶边，使轮廓更加清晰，从而进一步提升主播的立体感；负责背景光的两盏 amaran P60c 的用法及作用与入门游戏直播案例相同。为了增加装饰效果，还可以在背景中布置若干个 Aputure AL-MC 彩灯，这些彩灯可以组成主播的名字或 Logo，也可以根据预设或自定义方案闪烁。（图 7-10）

▲ 图 7-10

游戏直播中的音频也有很多方面需要注意。在直播过程中，如果要实现和队友连线的功能，就需要使用带有 Loopback 功能的声卡，本方案使用的是 TASCAM US-4X4HR 声卡，如果仅需一支麦克风输入，那么也可使用 TASCAM US-2X2HR 声卡。本方案中的麦克风升级为 RØDE PodMic 动圈麦克风，这支麦克风在人声方面的表现很好，低灵敏度的麦克风更能有效降低敲击键盘和单击鼠标的声音，特别是在游戏直播中，主播往往会使用机械键盘，如果此时使用大振膜电容麦克风拾音，那么拾取的声音将非常嘈杂。（图 7-11）

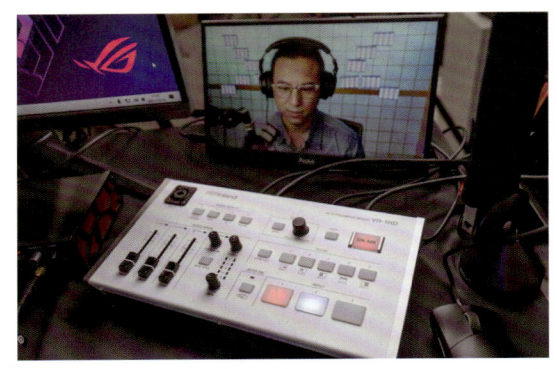

▲ 图 7-11

　　因为使用了实体切换台，所以视频切换操作的效率和切换实效性显著超越了在 OBS 软件中的操作，Roland VR-1HD 切换台能够轻松实现画面切换和画中画等多种分屏效果。桌面电竞游戏体验最好的显示器尺寸为 24～27 寸，本方案使用的是 27 英寸的 2.5K 显示器华硕 ROG STRIX XG27AQM，这台显示器拥有 GamePlus 技术，并且提供"狙击手"功能，可以帮助竞技类游戏玩家提升游戏体验，Shadow Boost 暗影增强技术还可以帮助游戏主播发现阴影处的目标。本方案中负责直播监看的显示器是更为轻薄的便携华硕 PA148CTV 显示器。（图 7-12）

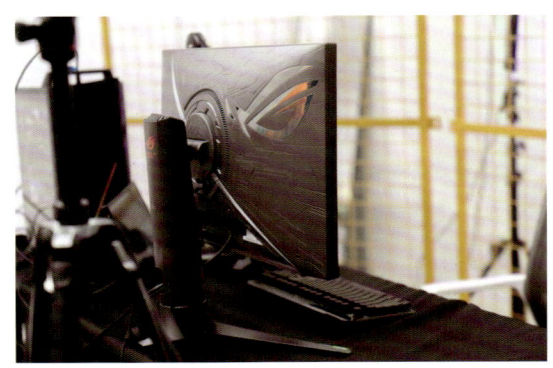

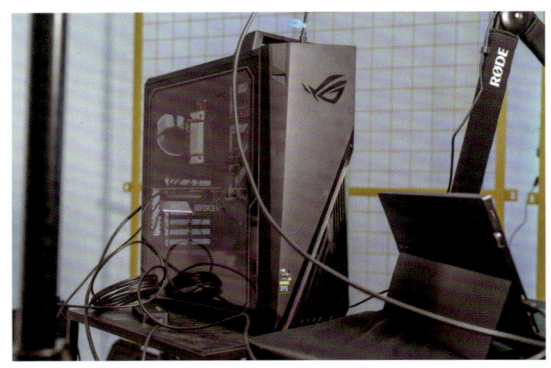

▲ 图 7-12

7.2 唱歌直播规划方案

唱歌直播对主播的出镜效果要求很高，灯光设置既要展现主播的高颜值，又要营造梦幻清新的直播间氛围。唱歌直播需要考虑的另一个重点是音频，直播中一方面需要实现优秀的人声演唱效果，另一方面需要实现伴奏添加功能。在使用直播平台 App 直播时，有些 App 自带伴奏播放功能，但有些 App 则需要播放主播自己准备好的伴奏。在唱歌直播间的搭建过程中，要尽量优化直播间的声学结构，避免混响过重，此时使用大振膜电容麦克风拾音就能实现很好的演唱效果，对于没有条件进行声学优化的直播间，推荐主播使用动圈麦克风，这样也能拾取到干净的人声。

7.2.1 入门唱歌直播间设置

在唱歌直播间中，一展歌喉与闪亮登场同样重要，在搭建唱歌直播间的 3 套方案中均使用声卡作为音质保证，入门方案主要考虑的问题是如何使用有限的经费打造不妥协的画质和音质。目前，很多唱歌主播仍然使用手机 App 进行直播，如果将画面采集设备和声音采集设备全面升级为专业设备，那么能够显著提升直播间的音画表现力。

入门唱歌直播案例的重点是要呈现细腻的声音品质，这套方案的音频系统组建起来并不复杂，现场操作也很简单。同时，自动变换的背景灯光也能使直播画面更加生动。（图 7-13）

▲ 图 7-13

直播设备

　　直播方案：横屏直播

　　摄像机（镜头）：佳能 EOS M50 Mark II（EF-M 15-45mm f/3.5-6.3 IS STM）

三脚架：MVKBFRT-LIVE Befree 旋锁三脚架套装一个

灯光方案：amaran 100d/x 一盏、amaran P60c 一盏、Light Dome Mini II 柔光箱一个、灯架两个

音频方案：RØDE NT2-A 麦克风一支、RØDE PSA+ 悬臂一套、M-AUDIO AIR 192 | 4 声卡一块、监听耳机一副

视频切换与直播推流：电脑 OBS 软件

视频采集：视频采集卡

电脑：笔记本电脑一台

显示器：华硕 PA148CTV 显示器一台

其他：主播桌一张

入门唱歌直播间示意图。（图 7-14）

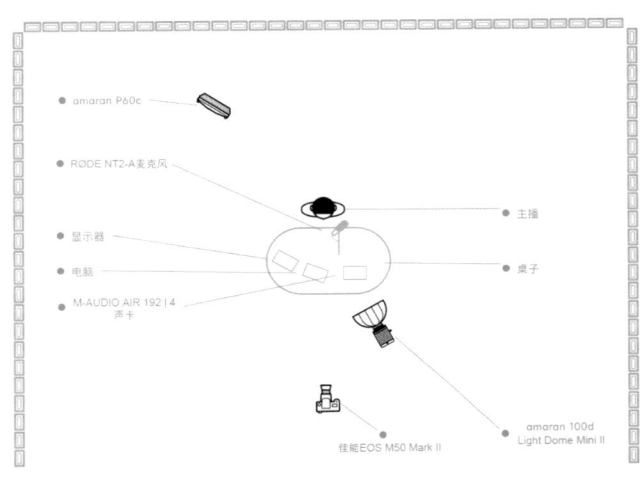

▲ 图 7-14

这套方案适合在卧室和小型工作间内使用，在画面采集和灯光方案中均考虑了小空间因素，所以没有使用大型摄像机和高功率的灯光。因为考虑到唱歌直播间的特点，所以为主播准备了高度充足的灯光，两盏灯光可以搭配出多种风格，主播可以根据音乐自由变换灯光效果。唱歌主播大多以女性为主，强烈建议不要盲目选择用户广泛的环形灯方案，入门级灯光方案掌握起来并不难，效果也远远好于环形补光灯。

唱歌主播往往对直播的上镜效果要求较高，佳能 EOS M50 Mark II 微单相机作为主机位非常合适，一方面是因为佳能相机直出就有非常红润通透的肤质，另一方面是因为这款入门级相机对初学者来说很好掌握。（图 7-15）

▲ 图 7-15

为了实现更好的出镜效果，主光选择了一盏 130W 的 amaran 100d 灯光，结合 Light Dome Mini II 柔光箱使用时也很小巧，布光时应当尽量放置于靠近主播面部的位置，这个亮度的灯光其实是有些冗余的。当主播想在房间内填充柔和的光线时，只需在 amaran 100d 的灯头处添加球形柔光箱即可。为了打造多变的直播间背景，使用了一盏 amaran P60c 为背景打光，可以将其设置为指定的彩色灯光，也可以使用 amaran P60c 内置的光效打造灵动变幻的灯光效果。（图 7-16）

▲ 图 7-16

为了实现纯净的人声效果，使用了 RØDE NT2-A 大振膜电容麦克风作为人声拾取设备，配合 M-AUDIO AIR 192 | 4 声卡的水晶话放，能够实现干净通透的人声表现。相机的 HDMI 接口通过连接视频采集卡将画面输入电脑，声卡和电脑之间用 USB 接口连接，同时使用笔记本电脑的 OBS 软件推流。这套方案依旧建议在笔记本电脑上外接一个显示器作为拓展屏幕。（图 7-17）

▲ 图 7-17

7.2.2 进阶唱歌直播间设置

进阶唱歌直播间可以将直播画面升级为双机位画面，由于主播在演唱时没有太多精力在电脑屏幕上用鼠标操作 OBS 软件，因此视频切换的工作就交给视频切换台完成。为了进一步提升主播的出镜效果，本方案将主机位升级为画质更好的相机，灯光系统也进行了全面升级，这套灯光方案可以根据主播的脸部特点调整光比，从而实现更佳的上镜效果。（图 7-18）

▲ 图 7-18

直播设备

　　直播方案：横屏直播

　　摄像机（镜头）：佳能 EOS R5（RF24-105mm F4 L IS USM）、佳能 EOS M50 Mark II（EF-M 15-45mm f/3.5-6.3 IS STM）

　　三脚架：MK190XPRO4-3W 190 系列铝合金四节专业三脚架套装一个、MVKBFRT-LIVE Befree 旋锁三脚架套装一个

　　灯光方案：amaran 200d/x 两盏、amaran P60c 两盏、Light Dome Mini II 柔光箱一个、Lantern 球形柔光箱一个、灯架 4 个

　　音频方案：RØDE NT2-A 麦克风一支、RØDE PSA+ 悬臂一套、M-AUDIO AIR 192 | 4 声卡一块、监听耳机一副

　　视频切换与视频采集：Roland V-02HD MK II 切换台一个

　　直播推流：电脑 OBS 软件

　　电脑：笔记本电脑一台

　　显示器：华硕 PA148CTV 显示器一台

　　色彩管理：datacolor SpyderCheckr 24、datacolor SpyderCheckr Photo

　　其他：主播桌一张

进阶唱歌直播间示意图。（图 7-19）

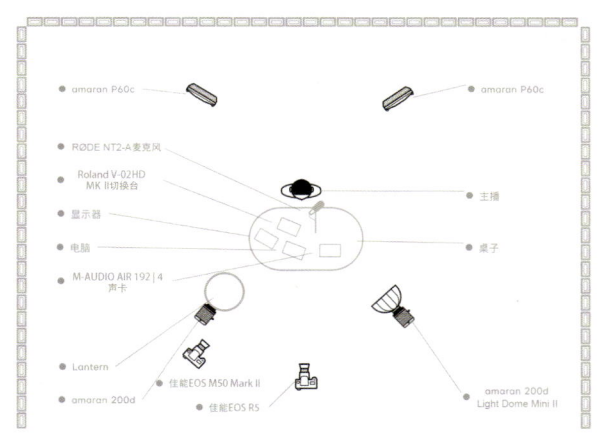

▲ 图 7-19

这是一套双机位直播方案，为了让主播轻松完成双机位切换，使用了一台操作简单但效果专业的切换台设备，这台设备具有小巧的外观，非常适合唱歌主播使用。音频设备延续了上一套方案，能够实现清晰透彻的人声表现。

这套方案将主机位换为全画幅微单相机佳能 EOS R5，这台画质细腻、功能强大的微单相机不仅是摄影师的创作利器，还可以作为极佳的人像机位设备。本方案将佳能 EOS R5 设置为一号机位，将佳能 EOS M50 Mark II 设置为二号机位，虽然两者的型号不同，但是色彩基本一致，建议在直播前使用 datacolor 色卡自定义两台相机的白平衡，以确保统一的色彩表现。（图 7-20）

▲ 图 7-20

使用 Roland V-02HD MK II 切换台可以完成两个机位的画面切换，这款切换台非常小巧，这对于节约桌面空间很有帮助。Roland V-02HD MK II 切换台在连接电脑时只需使用 USB 线，而不需要使用视频采集卡，虽然它是 Roland 入门级的切换台，但是依旧使用了利于散热的全金属机身，并搭配了推杆设计，主播可以很精准地操控两个机位切换的速度。（图 7-21）

▲ 图 7-21

本方案的灯光系统做了全面升级，两盏 amaran 200d 在保证光线品质的同时提供了充足的亮度。主光的设置包含一个巧思，一盏 amaran 200d 结合 Lantern 球形柔光箱为主播的脸部填充细腻的光线，另一盏 amaran 200d 结合 Light Dome Mini II 柔光箱填充阴影，此时可以根据主播两边脸的特点精心调整光比，使主播的脸部光线柔和并具有立体感。（图 7-22）

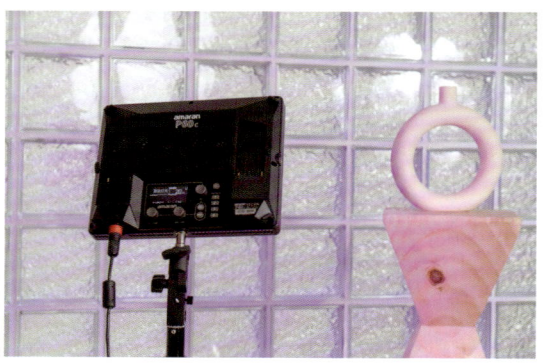

▲ 图 7-22

在使用 OBS 软件进行直播推流时，建议使用性能较强、接口充足的笔记本电脑，同时建议搭载一台显示器作为扩展屏幕。（图 7-23）

▲ 图 7-23

7.2.3 高阶唱歌直播间设置

如何打造一个令人过目不忘的高阶唱歌直播间？一方面来自让人眼前一亮的视觉体验，另一方面来自主播极好的声音表现力。考虑到唱歌直播间大多是以个人主播的形式运营，所以这套方案在设备的选择上也要考虑到如何实现单人操作。（图 7-24）

【视频】高阶唱歌直播案例解读

▲ 图 7-24

直播设备

直播方案：横屏直播

摄像机（镜头）：佳能 EOS R5（RF24-105mm F4 L IS USM）、佳能 EOS C70（RF15-35mm F2.8 L IS USM）

三脚架：MK190XPRO4-3W 190 系列铝合金四节专业三脚架套装 3 个

滑轨：曼富图滑轨 + Genie One 电控云台

灯光方案：Aputure LS C300d II 两盏、Aputure Nova P300c 两盏、Light Dome Mini II 柔光箱一个、Lantern 球形柔光箱一个、灯架 4 个

音频方案：RØDE K2-A 麦克风一支、RØDE PSA + 悬臂一套、M-AUDIO AIR 192 | 4 声卡一块、监听耳机一副

视频切换与视频采集：Roland VR-1HD 切换台一个

直播推流：电脑 OBS 软件

电脑：笔记本电脑一台

显示器：华硕 PA148CTV 显示器一台

色彩管理：datacolor SpyderCheckr 48、datacolor SpyderCheckr Photo

其他：主播桌一张

高阶唱歌直播间示意图。（图 7-25）

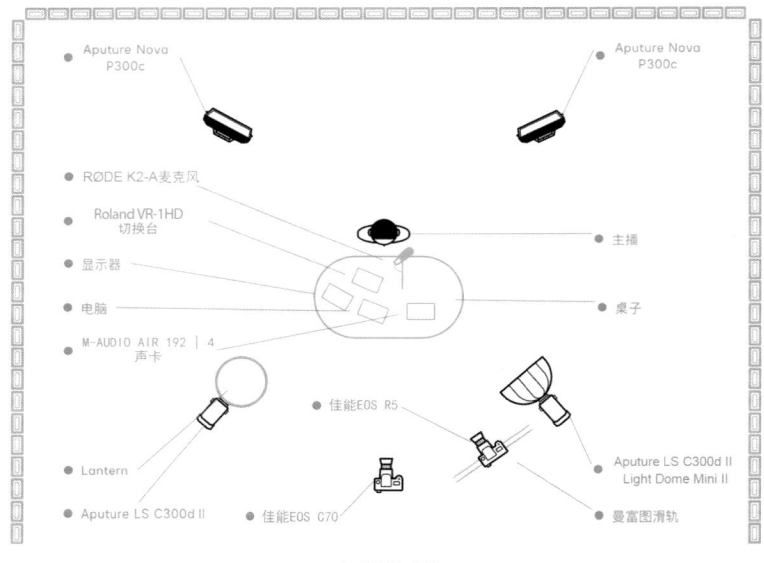

▲ 图 7-25

这套方案考虑的重点是进一步降低调音难度、提升画质和音质，并在运镜方面添加巧思，从而使主播能够轻松地掌握这套专业的直播系统。为了实现这些目标，我们需要认真考虑设备的组合，制定一套自动化的直播方案。

这套方案依旧采用双机位直播，为了进一步提升画质表现力，本方案将电影摄像机佳能 EOS C70 作为主机位，这里建议设置为 Clog 2 曲线拍摄，如果需要实现影视级别的直播色调，那么可以下载喜欢的 Luts 并添加到机器的 Look File 中，此时摄像机就能实现实时调色功能。另一台画质优异、体积小巧的佳能 EOS R5 相机在安装 RF24-105mm F4 L IS USM 镜头后，放置于曼富图电控滑轨上，同时结合 Genie One 电控云台可以实现在 AB 点之间往复运动的拍摄效果。这两台摄像机在设置完成后并不需要摄影师操作。也就是说，主播在架设好这两个机位，并完成机位安装和摄像机调试工作后，就可以安心直播了，同

时这两台摄像机都具备快捷、准确的自动对焦功能，主播无须担心摄像机的工作问题。考虑到可能会进行长时间的直播，所以此时可以为佳能 EOS C70 和佳能 EOS R5 安装 TILTA 套件（铁头兔笼）及影宸供电系统，这样两台摄像机就都能使用 V 口电池供电了，续航时间将大大延长，建议主播在重要的直播中使用此供电方案。（图 7-26）

▲ 图 7-26

灯光也是此次升级的重点，两盏 350W 的 Aputure LS C300d II 能够使直播间拥有充足的亮度，将 Lantern 球形柔光箱和 Light Dome Mini II 抛物线柔光箱分别安装在两盏主灯上，可以为主播打亮精致的妆容。为了实现直播间精美绝伦的光影效果，使用了两盏 Aputure Nova P300c 为背景打光，这两盏灯实现的 RGB 彩光效果远超小型 RGB 染色灯，并且能在保证亮度的同时打造柔和的光线。（图 7-27）

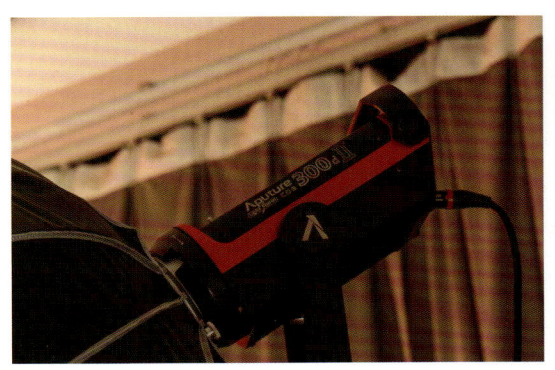

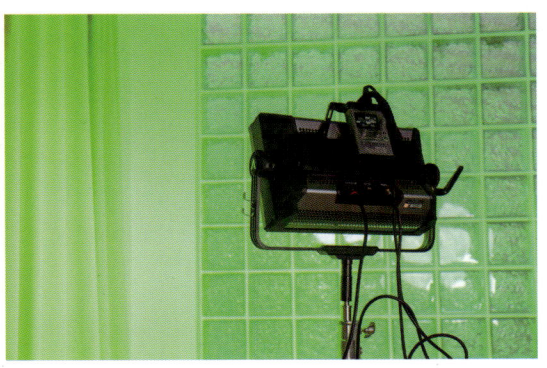

▲ 图 7-27

因为需要主播自行完成机位切换工作，所以使用了 Roland VR-1HD 切换台，按键操作的切换台操作起来更加高效。（图 7-28）

为了让唱歌主播拥有温暖柔和的声音表现力，所以在麦克风的选择上可以考虑 RØDE K2-A 电子管麦克风，电子管麦克风不仅能实现大振膜电容麦克风细腻的音质，还能带来温暖的质感，这样的声音表现力并不能通过后期调音来轻松获得。（图 7-29）

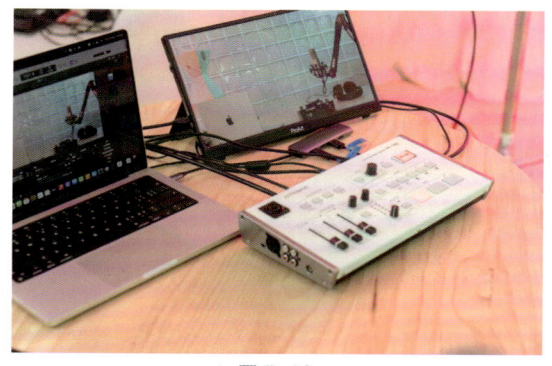

▲ 图 7-28

▲ 图 7-29

因为很多主播在演唱时对人声调整很不了解，所以其在电脑上操作机架就尤为困难，建议没有电脑调音经验的主播直接使用人声效果器。以 BOSS 的 VE-5 人声效果器为例，在安装时先用麦克风连接人声效果器，再连接声卡，这样直播时就能轻松使用 VE-5 人声效果器的 30 个预设了，经过简单的学习还能自定义人声效果，可以为演唱增加混响、修音、合唱等功能，这款人声效果器广泛应用于小型舞台演出和街头表演，可以轻松满足唱歌直播的需求。这套方案中使用笔记本电脑外接显示器作为推流监看方案。（图 7-30）

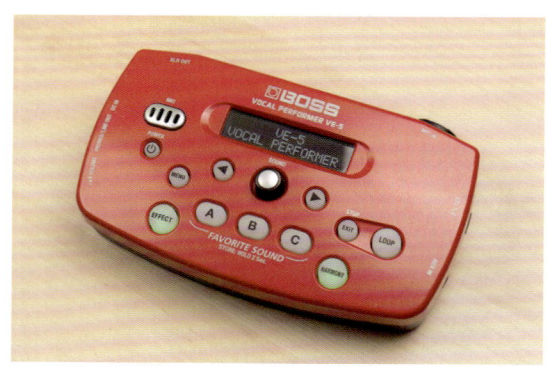

▲ 图 7-30

7.3 才艺直播规划方案

现在有越来越多的主播通过直播的形式展示绘画、书法、手工艺制作、乐器表演等才艺，这类直播以画面展示为主，以语音讲解为辅，主要实现商业推广或课程销售的目的，这类直播种类繁多，且无法通过统一的方案一并解决，下面主要以绘画才艺直播为例进行讲解。

7.3.1 入门才艺直播间设置

以绘画创作或教学为主的才艺展示类直播需要解决以下几个问题：什么样的机位能够更好地展示绘画过程？什么样的光线能够更好地呈现画作效果？什么样的直播系统能够简化操作流程，使所有设备可由单人操控？

入门才艺直播案例重点展示的是主播的创作过程，主播在直播过程中需要集中精力创作，辅以简单的讲解即可。（图 7-31）

▲ 图 7-31

【视频】入门才艺直播案例

【视频】入门才艺直播案例解读

直播设备

直播方案：横屏直播

摄像机（镜头）：佳能 EOS M50 Mark II（EF-M 15-45mm f/3.5-6.3 IS STM）

三脚架：MVKBFRT-LIVE Befree 旋锁三脚架套装一个

灯光方案：amaran 100d/x 两盏、Lantern 球形柔光箱两个、灯架两个

音频方案：RØDE Wireless GO II 无线麦克风一套、入耳式监听耳机一副

视频切换与直播推流：电脑 OBS 软件

视频采集：视频采集卡

电脑：笔记本电脑一台

显示器：华硕 PA148CTV 显示器一台

色彩管理：datacolor SpyderCheckr 24、datacolor SpyderCheckr Photo

其他：主播桌一张

入门才艺直播间示意图。（图 7-32）

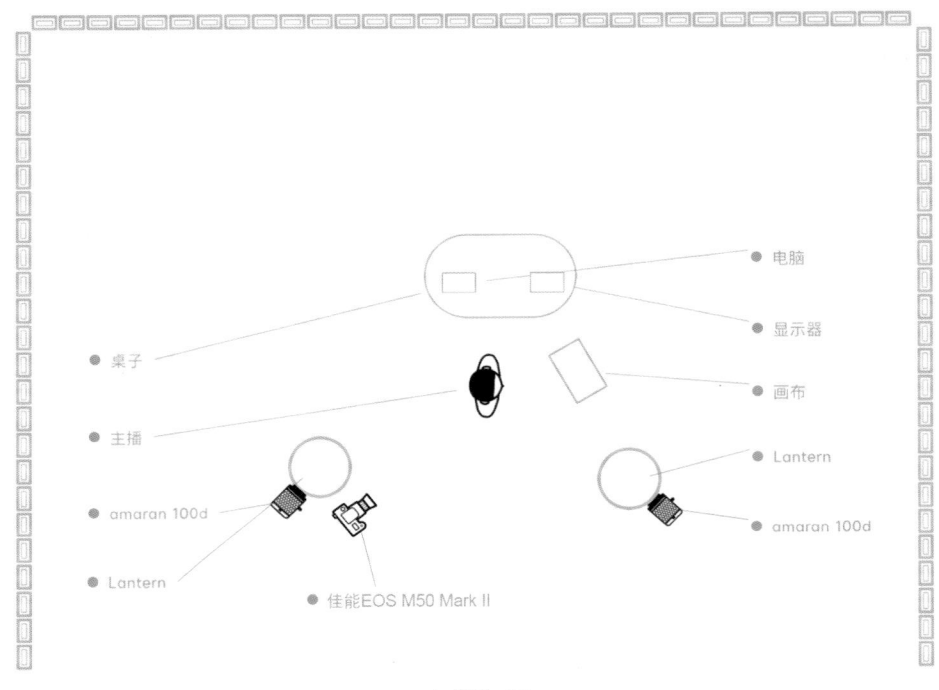

▲ 图 7-32

考虑到成本因素，本方案只能安排一个机位用于拍摄，此时的画面主要以作品展示为主，画面中包含人物的手部动作即可。灯光方案需要满足整个房间的照明，灯光效果以明亮柔和为宜。音频方案满足简单的语音交流即可。

这套直播方案适用于小型空间，绘画创作最好能在画架上进行，这样比较方便架设机位，如果在桌面进行绘画创作，那么需要使用顶置机位，也就是需要使用更为复杂的支撑系统完成机位架设。以油画创作为例，主机位选择佳能 EOS M50 Mark II 微单相机，使用曼富图 Befree 三脚架就可以轻松支撑，如果在桌面进行创作，那么需要选择可横置中轴的曼富图 190 系列三脚架。（图 7-33）

本方案使用了两盏 130W 的 amaran 100d 灯光，并且都安装了 Lantern 球形柔光箱，这样就能将柔和的光线填充在整个直播间内，散射光线也能够很好地展示油画布的纹理和画作的细节，同时可以将画面反光的影响降到最低。（图 7-34）

▲ 图 7-33

▲ 图 7-34

考虑到直播的严谨性，建议在直播前使用 datacolor 专业色卡对摄像机自定义白平衡，这样就能最大限度地降低直播画面偏色的问题。（图 7-35）

▲ 图 7-35

将 RØDE Wireless GO II 无线麦克风的发射器安装在主播胸前用于语音交流，这款无线麦克风的接收端可以直接安装在相机顶部的热靴接口通过模拟形式连接，也可以直接连接电脑的 USB 接口。

相机的 HDMI 接口通过连接视频采集卡将画面输入电脑，这套系统主播一个人就可以操作，并且在直播过程中主播还可以用电脑播放背景音乐。（图 7-36）

▲ 图 7-36

7.3.2 进阶才艺直播间设置

进阶绘画才艺直播间将直播机位升级为两个，这样可以使两个机位更有针对性，一个机位用于展示作品创作过程，另一个机位用于拍摄主播。双机位搭配有利于主播和观众的互动交流，也会从某种程度上影响互动效果，从而影响推广效果和课程销售结果。（图7-37）

▲ 图7-37

【视频】进阶才艺直播案例

【视频】进阶才艺直播案例解读

直播设备

直播方案：横屏直播

摄像机（镜头）：佳能 EOS R5（RF24-105mm F4 L IS USM）、佳能 EOS M50 Mark II（EF-M 15-45mm f/3.5-6.3 IS STM）

三脚架：MK190XPRO4-3W 190系列铝合金四节专业三脚架套装一个、MVKBFRT-LIVE Befree 旋锁三脚架套装一个

灯光方案：amaran 200d/x 两盏、amaran P60c 一盏、Light Dome SE 柔光箱一个、Lantern 球形柔光箱一个、灯架3个

音频方案：RØDE Wireless GO II 无线麦克风一套、入耳式监听耳机一副

视频切换与视频采集：Roland V-02HD MK II 切换台一个

直播推流：电脑 OBS 软件

电脑：笔记本电脑一台

显示器：华硕 PA148CTV 显示器一台

色彩管理：datacolor SpyderCheckr 24、datacolor SpyderCheckr Photo

其他：主播桌一张

进阶才艺直播间示意图。（图 7-38）

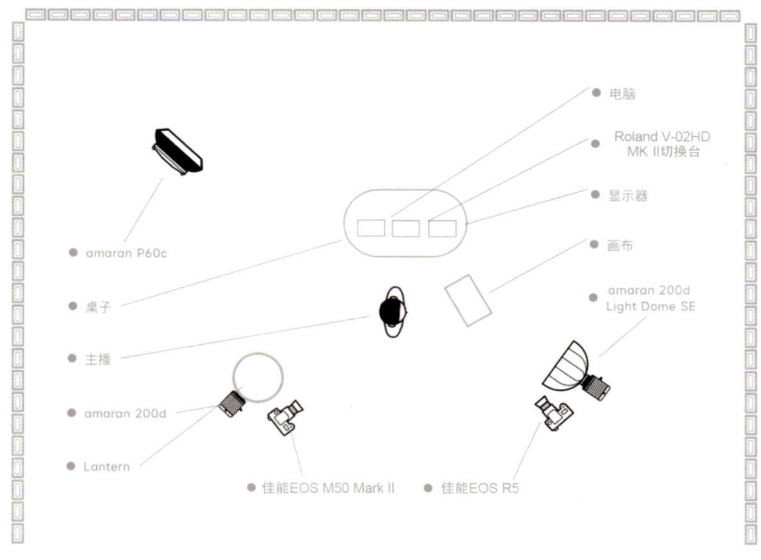

▲ 图 7-38

这是一套可由单人操控的直播方案，两个机位提前架设调试，开机后基本无须看管。视频切换台放置在主播一侧，方便时可由单手操控，不方便时也可由脚踏板完成画面切换操作，这对需要双手创作画作而无暇顾及画面切换的主播来说非常有利。

由佳能 EOS R5 和佳能 EOS M50 Mark II 两台相机打造的双机位系统可以根据直播需求自由分配，如果侧重点是作品展示，那么可以使用佳能 EOS R5 拍摄画作；如果更注重主播出镜效果，那么可以使用佳能 EOS R5 拍摄主播，另一个画面由佳能 EOS M50 Mark II 拍摄。（图 7-39）

▲ 图 7-39

为了同时满足画作和主播的补光需求，本方案选择了两盏功率充足的 amaran 200d 灯光，在拍摄画作的灯头处安装 Lantern 球形柔光箱，在拍摄主播的灯头处安装 Light Dome SE 柔光箱。本方案将 RØDE Wireless GO II 无线麦克风作为人声拾取设备。（图 7-40）

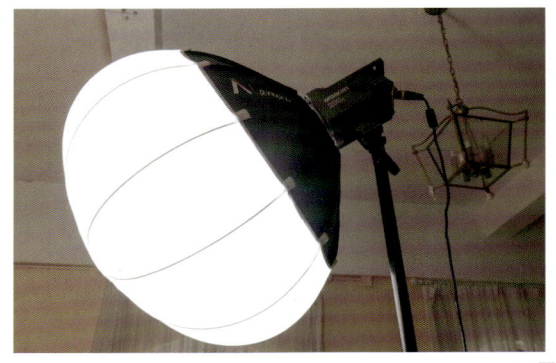

▲ 图 7-40

绘画创作类直播比较特殊，主播在直播中可能完全无暇顾及用手切换画面，Roland V-02HD MK II 切换台可以安装脚踏板，通过脚踏板就能轻松实现画作和主播两个画面之间的切换，如果主播愿意，也可以设置为画中画，这样就能在一个画面中同时展示作品和主播了。以 Roland V-02HD MK II 切换台为核心的直播系统还有很多可以变换的方案。比如，两个视频输入口可以分别连接一台摄像机和一台电脑，这样既能展示绘画创作过程，又能展示电脑中的课件或媒体资料，当然这两个画面也能设置为画中画一并呈现，这得益于 Roland V-02HD MK II 切换台的两个视频输入口均可自动检测并转换输入格式，这将大大降低两个视频输入源因接收的视频规格不同而导致的不兼容的概率。（图 7-41）

▲ 图 7-41

后 记

至此，本书关于直播间搭建的内容将告一段落，希望通过这几章的学习能够帮助您开启一场专业的直播，无论这个世界的发展方式是否如您所愿，多掌握一项与世界沟通的技能总是好的。我在 20 年前接触传统媒体直播，那时的直播技术掌握在少数人手中，直播设备昂贵，很少有人拥有，而现在，直播设备和短视频设备种类繁多、价格可选择空间大，同时因为居家办公的要求，直播技术的普及程度和发展速度也比想象中更快，远程办公、远程授课、云端销售这些形式我们已经逐渐熟悉。本书讨论的直播技术希望能帮助您和您的团队更好地开展直播，希望您的产品、您的技能、您的服务可以瞬间传递到世界任何一个角落。